Larz Trent

O Controle da Humanidade
Teoria Da Conspiração

Direitos Autorais
Título Original: *O Controle da Humanidade*
Copyright © 2022, publicado em 2024 por Luiz Antonio dos Santos ME.

Este livro explora os bastidores das teorias conspiratórias, investigando as estruturas de poder ocultas, a manipulação da sociedade, e os mecanismos de controle presentes nos sistemas políticos, econômicos, culturais e religiosos. Uma análise profunda que desafia percepções e incentiva o leitor a questionar as narrativas dominantes.

2ª Edição
Equipe de Produção
Autor: Larz Trent
Revisão: Virginia Moreira dos Santos
Projeto Gráfico e Diagramação: Arthur Mendes da Costa
Capa: Anderson Casagrande Neto

Publicação e Identificação
O Controle da Humanidade / Por Larz Trent
Booklas Publishing, 2024
Categorias: Filosofia / Política / Corpo, Mente e Espírito
DDC: 303.3 - CDU: 327.3

Aviso de Direitos de Autor
Todos os direitos reservados a:
Booklas Publishing / Luiz Antonio dos Santos ME

Este livro não pode ser reproduzido, distribuído ou transmitido, em sua totalidade ou em parte, por qualquer meio, eletrônico ou impresso, sem o consentimento expresso do detentor dos direitos autorais.

Sumário

A Ordem 4
Capítulo 1 O Enigma da Existência 11
Capítulo 2 A Linhagem dos Guardiões 17
Capítulo 3 A Ordem Secreta 22
Capítulo 4 O Conluio das Elites 28
Capítulo 5 A Nova Ordem Mundial 35
Capítulo 6 O Novo Homem 41
Capítulo 07 A Maquinaria do Controle 47
Capítulo 08 O Controle da Informação 53
Capítulo 09 O Controle Econômico 60
Capítulo 10 A Economia Global 66
Capítulo 11 A Teia Política 71
Capítulo 12 A Manipulação Cultural 78
Capítulo 14 A ORDEM no Conhecimento Humano 90
Capítulo 15 A ORDEM nas artes 96
Capítulo 16 A Cooptação dos Líderes 102
Capítulo 17 Sementes de Mudança 108
Capítulo 18 A ORDEM na Fé 114
Capítulo 19 A ORDEM na ciência 118
Capítulo 20 A ORDEM na tecnologia 129
Capítulo 21 A Lavagem Cerebral 138
Capítulo 22 O Poder Invisível 145
Capítulo 23 O Grande Engodo 152
Capítulo 24 A Ditadura Jurídica 160

Capítulo 25 A Grande Crise 166
Capítulo 26 O Poder Financeiro 173
Capítulo 27 A Crise Existencial 179
Capítulo 28 A Resistência Silenciosa 186

A Ordem

Era uma noite chuvosa em Viena, quando Edward Sinclair, um respeitado jornalista britânico que trabalhava para um dos maiores jornais do Reino Unido, desembarcou na cidade com a missão de cobrir um evento sobre o aquecimento global.

Em Viena, vivia um amigo de infância, Maximilian Herzog, que, na época em que eram garotos, morava na mesma rua em Londres. Agora, Maximilian era diretor de uma casa de recuperação renomada na Áustria, uma instituição que lidava com casos excepcionalmente desafiadores de saúde mental.

Numa noite fria e úmida, Maximilian convidou Edward para um jantar em sua casa, uma elegante mansão situada nos arredores de Viena. A atmosfera era calorosa e acolhedora, com o cheiro reconfortante de comida caseira enchendo o ar. Edward foi apresentado à adorável família de Maximilian - sua esposa encantadora, Emma, e seus dois filhos, Johannes e Clara. Conversaram sobre suas vidas, relembraram velhas histórias e riram muito juntos como se o tempo não tivesse passado, foi uma noite agradável.

À medida que a noite avançava, os amigos passaram a falar do presente, de suas profissões e dos desafios que ela apresentava. Após falar sobre a cobertura de eventos mundiais e algumas guerras, Edward pediu a Maximilian para compartilhar algo que fosse relevante em sua rotina de trabalho. Então, Maximilian mencionou um interno notável da casa de recuperação que dirigia, um homem cuja sanidade aparente intrigava a todos. Esse homem, cujo nome não fora revelado, era um dos guardiões da linhagem ancestral incumbida de preservar o conhecimento sagrado sobre a humanidade e seus destinos.

O que primeiro chamou a atenção dos psiquiatras foram as altas doses de medicamentos que incluíam tranquilizantes poderosos, como Clorpromazina e Haloperidol, que haviam sido prescritos para o paciente. No entanto, um dos médicos que assumira seu tratamento começou a diminuir a dosagem gradualmente até a suspender por completo. Surpreendentemente, o homem não demonstrou sinais de surto psicótico ou comportamento agressivo. Pelo contrário, ele permaneceu calmo e lúcido, desafiando todas as expectativas. O que chamava a atenção era que, em alguns momentos, o homem fingia loucura, principalmente na presença de estranhos, porém era uma loucura dócil. Ele também evitava que lhe cortassem ou penteassem o cabelo, de forma que ele sempre tinha a aparência de quem acabara de passar pelo Gerador de Van de Graaff.

Segundo Maximilian, o interno, apesar de sua aparente sanidade, repetia uma história que parecia saída diretamente de uma teoria da conspiração. Ele afirmava que um grupo secreto, conhecido apenas como "A ORDEM," controlava todas as coisas em todas as esferas da vida humana. Quando questionado sobre sua aparente loucura, ele explicava que agia dessa maneira porque nunca se sabia quando a ORDEM estava por perto. Seu olhar sempre atento e sua paranoia indicavam que ele vivia com medo constante, como se soubesse de algo que ninguém mais estava disposto a acreditar.

A conversa se estendeu noite adentro, com os dois sentados em cadeiras de vime olhando o céu. Emma trouxe chá de ervas servido em xícaras de porcelana.

No dia seguinte, Edward Sinclair acordou na manhã ensolarada de quinta-feira no luxuoso Hotel Imperial, um dos mais renomados hotéis de Viena. A suíte impecavelmente decorada oferecia vistas deslumbrantes da cidade, mas sua mente estava voltada para a história que o amigo havia lhe contado.

Com a missão de cobrir um evento sobre o aquecimento global agendado para a sexta-feira à noite, Edward decidiu que era essencial aproveitar o tempo, resolveu conhecer a casa de recuperação e ter uma conversa com o homem cuja história havia captado sua curiosidade.

Após um café da manhã tranquilo, Edward desceu até o saguão majestoso do hotel, onde os lustres de cristal reluziam sob o teto alto. Na recepção, solicitou um táxi para levá-lo à clínica de recuperação.

O hotel ficava na famosa Ringstrasse, e a clínica de recuperação estava localizada em uma área pitoresca nos arredores da cidade. À medida que o táxi se aproximava da clínica, a paisagem urbana de Viena foi gradualmente substituída por paisagens mais verdes e serenas. O motorista, um homem de meia-idade com um sotaque austríaco encantador, conduziu o táxi pelas ruas, parando em frente a um grande portão, por trás do qual um calçamento de paralelepípedos cercado por um relvado verde conduzia ao prédio onde a clínica funcionava.

Chegando à clínica, Edward foi recebido calorosamente por Maximilian, com a mesma aura de confiança que tinha quando eram crianças. Depois de alguns minutos de conversa animada, Maximilian sugeriu que eles se sentassem para tomar um café antes de prosseguir com a conversa.

A sala de estar da clínica era acolhedora e iluminada por grandes janelas que ofereciam vistas panorâmicas das colinas austríacas. Enquanto degustavam café recém-preparado, Maximilian começou a contar a história do intrigante interno e sua obscura conexão com "A ORDEM."

    Edward ficou fascinado com cada palavra de Maximilian e pediu para entrevistar o misterioso homem. Após o café, Maximilian conduziu Edward a uma sala que parecia saída de um filme de suspense - completamente branca, com uma mesa de metal no centro e duas cadeiras dispostas de cada lado da mesa. Edward se sentou em uma das cadeiras, vendo a porta ser fechada pelo lado de fora.

    Aguardou pacientemente por cerca de 15 minutos, com o som suave do relógio de parede ecoando na sala, até que a porta finalmente se abriu e revelou o homem misterioso.

    Este livro é nasce desta entrevista.

Capítulo 1
O Enigma da Existência

Desde os primórdios da existência, a humanidade se debruça sobre profundas questões que a mente humana pode conceber. No abismo do desconhecido, nós, seres pensantes, contemplamos o sentido da vida e o mistério insondável do universo. A curiosidade e a busca por respostas permeiam nossa jornada através do tempo e do espaço.

De onde viemos? Para onde vamos? Existe um propósito em nossa existência, ou somos meros produtos do acaso? Essas indagações assombram a alma há milênios, e, embora inúmeras teorias e filosofias tenham sido propostas, as respostas continuam a se esquivar.

Enquanto lançamos olhares para o céu noturno, com estrelas distantes e constelações intrigantes, somos confrontados não apenas com a vastidão do cosmos, mas também com a vastidão da própria mente. É um paradoxo intrigante. Quem somos nós? De onde vêm nossos anseios e emoções? Há algo além da matéria que nos constitui?

Grandes pensadores da humanidade, filósofos e sábios, em suas jornadas intelectuais e espirituais, têm buscado a luz nesses abismos de incerteza. Desde as antigas civilizações que floresceram e desapareceram até as eras mais recentes, cada cultura e época oferece suas perspectivas sobre o enigma fundamental que nos envolve, essa grande "maia", o véu ilusório que parece ocultar a verdade suprema.

Às vezes, como marujos perdidos no oceano, vislumbramos breves clarões de entendimento. São lampejos fugazes, miragens talvez, que nos fazem acreditar que estamos nos aproximando da verdade. No entanto, esses momentos de clareza parecem areia escorrendo pelos dedos.

Seriam esses vislumbres de compreensão simplesmente ilusões temporárias, ou são eles faróis que nos guiam rumo a um porto seguro?

Será que somos eternos aprendizes em uma jornada sem fim, ou existe a possibilidade de alcançar iluminação, de encontrar as respostas que há tanto buscamos?

A resposta a essas perguntas parece esquiva, como se o próprio universo estivesse nos desafiando. Porém, talvez seja nessa busca incessante, nesse questionamento contínuo, que encontramos o propósito mais profundo da existência. É como se a jornada em si fosse a recompensa, e não o destino.

Essa busca não é algo novo, remonta tempos antigos, quando sumérios, babilônios, maias e astecas olhavam para o firmamento, buscando mensagens divinas que pudessem elucidar o propósito da vida. Suas crenças e mitologias ofereciam vislumbres de uma verdade mais elevada, codificada nas estrelas e planetas que eles observavam com reverência.

Na Grécia antiga, luminares como Platão e Aristóteles aprofundaram a investigação sobre a natureza da alma e a estrutura do universo. Eles especulavam se a realidade material que nos rodeia não seria uma mera sombra de verdades eternas e intangíveis, que se encontram além do alcance de nossos sentidos físicos. A busca pela verdade transcendental impulsionava o pensamento da época.

Mais tarde, as tradições orientais, como o Hinduísmo e o Budismo, adotaram uma abordagem diferente. Elas ensinaram a voltar nosso olhar para dentro, a explorar os recônditos da mente e da consciência através da meditação. Esses sábios intuíram que as respostas não estavam apenas no mundo físico, mas também em dimensões sutis de energia e espírito.

A jornada da busca pelo sentido da vida, pelo desvendar dos grandes mistérios da existência, continua até hoje, talvez mais intensamente do que nunca, em um mundo dominado pelo materialismo e pelo ceticismo. Apesar dos incríveis avanços em ciência e tecnologia, esses enigmas ancestrais persistem, nos chamando, convidando-nos a explorar as profundezas da realidade.

A busca incessante por respostas é uma jornada que transcende os séculos e une a humanidade em torno de uma pergunta primordial. Cada geração contribui com novas perspectivas, teorias e hipóteses, mas a pergunta permanece como farol que brilha através da escuridão dos tempos.

Talvez o próprio enigma da existência, as perguntas sem resposta, sejam o que dá sabor à jornada humana. Talvez a busca incessante seja ainda mais significativa do que encontrar respostas definitivas. Afinal, somos seres finitos tentando compreender o infinito, e talvez esse abismo entre o que podemos conceber e a verdade última seja intransponível.

No entanto, mesmo diante da possível futilidade dessa busca, não podemos deixar de explorar essas questões profundas e desafiar os limites do conhecimento. O ato de questionar, duvidar, teorizar, errar e, em seguida, tentar novamente está no cerne do espírito humano. A cada suposta descoberta da verdade final, novas perspectivas emergem, novas perguntas se formam, e somos convidados a continuar nossa busca incansável, indo sempre além.

E assim, seguimos adiante, geração após geração, contemplando o céu noturno, mergulhando nas profundezas da alma, buscando sinais do mistério que permeia a existência. Se há respostas definitivas, talvez nunca as alcancemos. Mas a jornada em si traz consigo aventuras, aprendizados e vislumbres da grande verdade que nos constitui.

Nossa busca pela iluminação e pela compreensão do enigma da existência é uma das marcas mais nobres de nossa humanidade, um testemunho de nossa perseverança e curiosidade. Não importa quão longe o caminho nos leve, o horizonte do conhecimento continua a se expandir, e o enigma que nos envolve permanece, sempre nos convidando a ir além.

Capítulo 2
A Linhagem dos Guardiões

Conta a lenda que, desde eras imemoriais, existe uma linhagem de guardiões incumbidos de preservar o conhecimento sagrado sobre a humanidade e seus destinos. São homens e mulheres que renunciaram aos prazeres mundanos para se dedicar ao estudo e à contemplação.

Vivem reclusos em mosteiros escondidos nas montanhas ou em câmaras secretas embaixo de antigas pirâmides, eles meditam sobre textos antigos em busca de respostas. Passam seus dias decifrando códigos, observando astros e refletindo sobre o sentido oculto dos rituais e tradições.

Passavam horas imersos na leitura de pergaminhos e manuscritos antigos, buscando decifrar profecias e símbolos sagrados. Alimentavam-se de modo frugal, evitando excesso. Dormem pouco, dedicando a maior parte do tempo à contemplação e ao estudo.

Vivem longe da civilização, em locais isolados escolhidos estrategicamente para não serem perturbados, na maioria das vezes, em montanhas e cavernas. Acredita-se que essas montanhas e cavernas possuem propriedades místicas que aumentavam os poderes psíquicos e a capacidade de compreender verdades ocultas.

Além do estudo, esses guardiões desenvolvem práticas ascéticas para refinar a mente e o espírito. A meditação prolongada e exercícios respiratórios permitem-lhes alcançar estados alterados de consciência.

Nesses estados meditativos profundos, dizem poder se comunicar com seres de outros planos de existência e vislumbrar o passado e o futuro da humanidade. Registram essas visões em pinturas, textos e códigos secretos para gerações futuras.

Para permanecer no caminho, os guardiões se submetem a rituais de purificação e iniciação.

Juramentos solenes de manter sigilo são realizados diante dos mestres.

Contudo, mesmo com dissidências e fragmentações, sempre houve um núcleo fiel à missão de preservar o conhecimento sagrado. Esse núcleo opera na mais estrita clandestinidade, ocultando seus rostos e nomes reais.

Eles estão dispostos a sacrificar suas vidas para proteger os segredos confiados à sua guarda. Sabem que o conhecimento que detém pode ser perigoso se cair em mãos erradas.

O rigoroso treinamento físico e mental também tem o propósito de prepará-los para resistir à tentação do uso indevido do conhecimento. A linhagem busca cultivar a compaixão e a ética acima de tudo.

De tempos em tempos, quando a humanidade se desvia do caminho e mergulha na escuridão, um desses guardiões é escolhido para emergir do recolhimento e trazer novamente a luz do conhecimento.

Ele se torna mensageiro, um profeta para seu povo. Sua missão é compartilhar somente o necessário para reascender a chama da verdade nas mentes adormecidas. Logo em seguida, retorna ao isolamento.

Ao longo dos séculos, surgiram emissários como Buda, Zoroastro, Hermes, Trismegisto e Orfeu. Mais recentemente, nos séculos de trevas na Europa, foram enviados iluminados como Francesco, Claire e Catalina. Cada um, a seu modo, trouxe lampejos de sabedoria e verdade em meio à ignorância.

Quando a humanidade entra em colapso, às vezes é necessário um trabalho mais prolongado dos emissários para restabelecer a ordem e a justiça. Nesses períodos, os guardiões permanecem entre as pessoas por mais tempo, fundando ordens e movimentos.

Contudo, à medida que o poder temporal corrompe líderes, a irmandade dos guardiões se retrai novamente ao isolamento, protegendo o conhecimento ancestral de olhos indignos. Pacientes como as estrelas, eles aguardam o momento certo de emergir da obscuridade trazendo luz.

Diz a lenda que esses guardiões habitavam as terras de Shambhala, um reino espiritual secreto no interior da Ásia. Lá desenvolvem sabedoria e poderes mentais além do comum por meio da meditação. Conhecem profundos segredos sobre a natureza da realidade e a jornada humana.

A linhagem de guardiões foi se ramificando e se espalhando pelo mundo ao longo dos séculos. Mas alguns grupos acabaram se desviando do propósito original movidos por ganância e pelo poder. Essa dissidência criou um grupo que originalmente se chama "ordo" em latim ou "A ORDEM".

Capítulo 3
A Ordem Secreta

Nos bastidores do poder, existe uma ordem secreta que atravessou os séculos moldando o destino da humanidade. Seus tentáculos estão entranhados nas sombras, puxando os fios que controlam a política, a economia, a guerra e a paz. Essa organização é conhecida como a ORDEM.

Suas origens são incertas, perdidas na noite dos tempos. Alguns acreditam que surgiu no antigo Egito, quando o Faraó Akhenaton tentou impor o monoteísmo de Aton em detrimento dos demais deuses, outros a associam aos Essênios ou ainda aos Cavaleiros Templários.

Independentemente de suas raízes, o certo é que A ORDEM atua nos bastidores do poder há séculos, influenciando o curso da história. Seus objetivos exatos são desconhecidos, mas informações vazadas por membros que não conseguiram manter o segredo, principalmente em seus leitos de morte, dão conta de que a ORDEM existe para controlar a humanidade, como pastores que conduzem rebanhos.

Os membros da ORDEM são cooptados entre as elites políticas, intelectuais e financeiras. Embora não compartilhem necessariamente os mesmos interesses, são unidos pelo desejo de concentrar o poder e plasmar a sociedade conforme sua visão. Para ingressar, são submetidos a juramentos e rituais secretos.

Agindo nas sombras, eles movimentam seus peões no tabuleiro global. Guerras, crises financeiras, revoluções tecnológicas, nada ocorre ao acaso. Tudo parece parte de um plano meticuloso traçado séculos atrás.

Registros históricos vazados por dissidentes relatam que os rituais antigos da ORDEM envolvem juramentos de sangue, o uso de capuzes vermelhos e máscaras representando bodes para simbolizar poderes ocultos. As reuniões ocorrem em criptas subterrâneas ou em florestas à noite, onde membros encapuzados planejam a dominação mundial enquanto realizam ritos com fogueiras e cantos.

Atualmente, para controlar seus pupilos, a ORDEM marca cada iniciado com uma tatuagem em uma parte específica do corpo. Essas tatuagens contêm nano chips que permitem que os neófitos sejam rastreados globalmente. Traidores capturados são ritualmente sacrificados com seus corpos cremados em cerimônias secretas.

Embora a origem da ORDEM seja desconhecida, seus tentáculos foram percebidos pelos guardiões no século XV, quando navegadores templários estabeleceram uma rede de comércio e templos secretos ao redor do mundo.

A ORDEM se espalhou como uma sociedade nas sombras, atraindo novos membros que compartilhavam de seu desejo de controlar os destinos da humanidade. Seus tentáculos hoje alcançam as mais diversas esferas de poder e influência ao redor do mundo.

Especula-se que eles teriam cópias secretas de documentos históricos e escrituras religiosas proibidas, além de artefatos místicos e tecnologias antigas guardados em locais secretos. Tudo para lhes dar maior conhecimento e vantagem sobre o resto da sociedade.

Os mais altos membros da Ordem teriam acesso a segredos capazes de prolongar a vida ou obter poderes paranormais. Eles são como semideuses vivendo nas sombras e puxando os cordões do poder conforme seus desígnios.

Ninguém sabe ao certo quantos já foram atraídos para essa teia ao longo da história. Ou quantos líderes e heróis, na verdade, serviriam silenciosamente à ORDEM, sem que o público suspeitasse de sua verdadeira lealdade e propósitos. Sua influência seria como uma Hidra de múltiplas cabeças espalhadas pelo globo.

Uma das teorias sobre a ORDEM sustenta que ela fora originalmente composta por 13 famílias que remontam à aristocracia medieval europeia. Seus sobrenomes raramente aparecem na mídia, mas seus tentáculos estariam entranhados nas maiores corporações mundiais. Eles formariam uma espécie de sociedade anônima global, dividindo poder e lucro.

Para preservar o sigilo, a ORDEM teria criado uma intrincada rede de empresas fantasmas e testas de ferro ao redor do mundo. As decisões seriam tomadas em reuniões anuais em ilhas privativas, com medidas de segurança que ultrapassam as de cúpulas do G20. Nenhuma informação vaza desses encontros, tamanha sua sofisticação.

Além do círculo interno formado pelas 13 famílias fundadoras, existiriam níveis mais amplos de afiliados, que gravitam em torno do núcleo central. Eles são testados com pequenas tarefas antes de provarem confiabilidade para missões mais sensíveis. A progressão leva décadas.

A comunicação na ORDEM ocorre por meio de uma intrincada rede digital própria, encriptada por algoritmos matemáticos experimentais que seriam capazes de burlar qualquer tentativa de decodificação ou espionagem. Todos os dados mais sigilosos transitam por esse sistema paralelo de informação.

O treinamento dos membros envolve técnicas avançadas de manipulação mental e controle emocional. Eles são condicionados desde a infância a obedecer ordens sem questionar, por mais antiéticas que sejam. Alguns desertores relatam trauma e culpa por crimes forçados a cometer.

Capítulo 4
O Conluio das Elites

Dentro da ORDEM, uma subdivisão se destaca. São banqueiros, CEOs de grandes corporações, membros da realeza e políticos influentes. Competidores em público, nas sombras cooperam em prol de objetivos comuns, este grupo é conhecido como o "CONLUIO".

O Conluio seria como uma seita global, compartilhando rituais e juramentos secretos de lealdade e silêncio. Seus encontros envolveriam estranhas cerimônias com símbolos e objetos ritualísticos em ambientes luxuosos e fortemente vigiados.

As pessoas que agem nas sombras sob as ordens do Conluio são a mão da ORDEM para o controle da economia global e a moldagem da sociedade a fim de servir aos seus interesses. Eles manipulam governos, fomentam guerras e financiam pesquisas para controle mental e desenvolvimento de novos patógenos para comércio de medicamentos e vacinas.

Ao investigar os bastidores do poder, as conexões tornam-se evidentes. Os eventos que moldam nossas vidas, desde o preço dos alimentos até a eleição de presidentes, estão entrelaçados aos fios que esse grupo controla nas sombras.

O Conluio teria surgido no final da Idade Média, quando banqueiros e comerciantes acumularam imensa riqueza e começaram a influenciar a política por trás dos panos. Eles criaram uma rede de contatos e alianças secretas que perdura até os dias atuais. Rapidamente, foram incorporados pela ORDEM, e seus descendentes herdaram e expandiram essa teia de poder.

Ao longo dos séculos, o Conluio atraiu novos membros, interessados em obter vantagens e privilégios. Hoje, é formado por cerca de 200 famílias bilionárias, donas de megacorporações e bancos globais. Compartilham o objetivo secreto de controle mundial sob a regência da ORDEM.

Os membros do Conluio se reúnem anualmente em eventos exclusivos como o Encontro Bilderberg e a Comissão Trilateral. Nessas reuniões, discutem os rumos da economia e da política mundial, longe dos olhos do público e da imprensa. Suas decisões afetam bilhões de pessoas.

Eles também controlariam instituições como o Banco Mundial, o FMI e a OMC, usadas para difundir o credo neoliberal e globalista em todo o mundo. Seus tentáculos atingiriam as indústrias farmacêutica, bélica, de alimentos e entretenimento, bem como o sistema financeiro global.

Os membros do Conluio estariam dispostos a sacrificar vidas e o bem-estar da população em prol dos interesses da ORDEM. Controlariam governos e eleições, colocando fantoches no poder em todo o mundo, criando instabilidade política e financiando guerras quando isso favorece seus planos.

O Conluio teria influenciado grandemente o estabelecimento de organizações globais como a ONU no pós-guerra, enxergando essas instituições como meios de estender seu domínio para além de suas fronteiras em escala verdadeiramente global.

Por trás das cortinas, o Conluio moveria seus peões no grande tabuleiro geopolítico. Cada guerra, crise ou revolução tecnológica seria cuidadosamente planejada para beneficiar aqueles que permanecem no topo.

A grande fortuna do Conluio provém não apenas de negócios, mas de esquemas como tráfico de drogas, armas e influência política. Estariam acima das leis, podendo agir livremente nos bastidores do poder. Nenhum governo teria força para confrontá-los.

O sigilo é a marca registrada do Conluio. Os nomes de seus membros não aparecem em listas de mais ricos, nem são conhecidos pelo grande público. Aqueles que aparecem na Forbes podem parecer mendigos frente à fortuna de alguns dos que integram o Conluio.

Para os teóricos da conspiração, muitas guerras e crises ao longo da história teriam sido criadas de propósito. O objetivo seria consolidar o poder financeiro e político desse grupo seleto sobre os destinos da humanidade.

O grau de controle do Conluio seria tão amplo que nenhuma mudança significativa no sistema ocorreria sem sua anuência. Eles seriam como uma seita global, movendo os cordões nos bastidores há séculos em busca de mais poder e riqueza.

Mesmo líderes mundiais e grandes gênios da ciência e da cultura poderiam ser, na verdade, fantoches nas mãos do Conluio. Seus nomes e realizações seriam promovidos para influenciar as massas, enquanto nos bastidores outros puxam os cordões.

A ambição desse grupo parece não conhecer limites. Eles não estarão satisfeitos até que todo o planeta e seus habitantes estejam sob controle total da ORDEM à que pertencem.

A influência do Conluio permearia não apenas governos e corporações, mas também as artes, a academia e a mídia. Eles cultivariam uma elite intelectual para difundir suas ideias e valores materialistas, moldando assim a cultura mundial.

Suas garras estão entranhadas no tecido social há séculos, o que dificulta sobremaneira removê-las.

A origem histórica provável do Conluio remete ao século XVIII, quando banqueiros europeus financiaram monarcas absolutistas em troca de títulos nobiliárquicos e concessão de monopólios. Essas famílias seriam o embrião do que viria a se tornar o poderoso Conluio atual.

O Conluio teria se infiltrado profundamente na franco-maçonaria ao longo dos séculos XIX e XX, transformando as lojas maçônicas em verdadeiros braços de recrutamento e conspiração. Os rituais e símbolos maçônicos serviam para encobrir os reais propósitos dessas reuniões das elites.

As grandes corporações controladas pelo Conluio atuam coletivamente, como um cartel global, para eliminar qualquer concorrência verdadeiramente independente que surja. Startups inovadoras que ameacem seu oligopólio são adquiridas e silenciadas antes que cresçam.

O Conluio também possui forte presença nos altos escalões militares e de inteligência, garantindo influência geopolítica e acesso às mais recentes tecnologias desenvolvidas em sigilo absoluto nos complexos militar-industriais subterrâneos espalhados pelo globo.

Os líderes do Conluio provêm majoritariamente de sociedades secretas de estudantes de elite como Skull & Bones em Yale e outras universidades renomadas. A ideologia elitista é inculcada desde o início para cimentar a crença na superioridade inata desses poucos escolhidos para dominar o mundo.

Capítulo 5
A Nova Ordem Mundial

É nas mais altas esferas do poder global que um plano antigo vem sendo executado passo a passo, com precisão cirúrgica. Trata-se de um projeto de reorganização da sociedade sob o comando de uma única autoridade centralizada: um governo mundial. Essa visão distópica é conhecida como Nova Ordem Mundial.

Sob o pretexto de trazer paz e prosperidade, na realidade, esse governo global visa concentrar o poder decisório sobre a humanidade nas mãos de poucos - ou de apenas um homem. As nações perderiam soberania, o dinheiro seria unificado e uma única religião seria imposta a todos.

Esse plano de dominação totalitária não é novo. Remonta à antiga Babilônia e aos projetos imperiais de Alexandre, o Grande. Mas agora, com o avanço da tecnologia, finalmente parece ser viável. O sonho da ORDEM de controlar o mundo inteiro estaria próximo de se realizar.

A Nova Ordem Mundial seria administrada por um conselho dos "iluminados" controlados remotamente pelo alto escalão da ORDEM. Este governo absoluto teria controle total sobre a vida das pessoas por meio de vigilância digital constante. Seria o "Grande Irmão" previsto por George Orwell em 1984.

Os idealizadores desse sistema totalitário acreditam que é necessário primeiro destruir as instituições e nações existentes para então reconstruir o mundo sob uma única bandeira. Por isso, têm fomentado guerras, crises econômicas, pandemias e instabilidade política. O caos é usado como ferramenta de controle.

Sob essa Nova Ordem Mundial, direitos civis básicos como liberdade de expressão, voto e propriedade privada seriam abolidos. Câmeras de vigilância e chips implantados controlariam todos os aspectos da vida da população, que viveria em uma espécie de prisão high-tech.

A justificativa seria que, eliminando o comportamento egoísta e outros defeitos humanos, a sociedade finalmente viveria em paz e prosperidade. Na prática, porém, significaria a extinção da liberdade individual em prol de uma "harmonia" artificial imposta pelo sistema.

Uma ferramenta essencial para esse sistema totalitário seria o controle completo sobre o sistema financeiro. Dinheiro físico seria abolido e todas as transações ocorreriam de forma digital, podendo assim ser monitoradas em tempo real pelos controladores do sistema.

Outra peça importante seria o estabelecimento de uma religião única imposta globalmente para unificar os valores morais e espirituais da população. Provavelmente essa religião teria características new-age e panteístas, mas serviria como instrumento de controle social, coisa que muitas religiões vêm fazendo ao longo do tempo.

A Nova Ordem Mundial está sendo implementada de maneira gradual, camuflada sob a retórica de globalização, multilateralismo e integração regional. A longo prazo, porém, o objetivo é total domínio, com eliminação completa da soberania nacional.

Instituições internacionais como a ONU, o Banco Mundial e o FMI seriam protótipos do governo mundial totalitário desejado pela ORDEM. Acordos como o TPP também se encaixariam nesse projeto hegemônico.

Os defensores da Nova Ordem Mundial pregam a necessidade de se criar um governo planetário para evitar conflitos, guerras e problemas globais. Mas, na prática, esse sistema concentraria todo o poder de decisão sobre a humanidade nas mãos de uma elite não eleita por ninguém.

Essa elite se julgaria "iluminada" o suficiente para governar o mundo como "deuses oniscientes". A arrogância de se achar apto a ditar os rumos da humanidade levou os maiores tiranos e ditadores da história a cometer atrocidades contra povos inteiros. Este risco permanece.

A Nova Ordem Mundial só poderia ser implementada à força, contra a vontade da maioria dos povos. Ela envolve necessariamente a eliminação da diversidade para substituí-la por um sistema único de governo, dinheiro e valores. Trata-se, portanto, de um projeto intrinsecamente anti-humanista.

Os riscos de se concentrar o poder global nas mãos de tão poucos indivíduos são enormes, potencializados pela tecnologia atual de vigilância e controle social. A tentação de abusar desse poder seria imensa e qualquer possibilidade de contestação seria eliminada.

A Nova Ordem Mundial teria como base uma moeda digital única emitida e controlada pelo Banco Central Mundial, que estaria subordinado aos desígnios da ORDEM. Essa moeda permitiria o controle total de todas as transações, acabando com o dinheiro físico anônimo.

Cada pessoa receberia uma identidade digital global obrigatória. Sem essa identificação biométrica, seria impossível estudar, trabalhar, receber salário ou obter qualquer serviço público, ou privado. A recusa em aderir ao sistema resultaria em uma espécie de "morte social".

Um sistema de crédito social com pontuações atribuídas a cada indivíduo regulamentaria o acesso a benefícios, empregos e locais públicos. O score seria influenciado por comportamentos monitorados 24 horas por dia por sensores e câmeras com reconhecimento facial em tempo real, este sistema já está dando os primeiros passos.

Uma grande crise financeira global poderia ser o gatilho para que a ORDEM apresente e obtenha apoio popular para o plano de Nova Ordem Mundial, com a promessa de restabelecer a estabilidade abalada. As pessoas trocariam liberdade por segurança em contextos de medo generalizado.

Além da moeda única, outras instituições de governança global, como um parlamento mundial e uma corte internacional de "justiça" seriam criadas para dar uma fachada democrática à Nova Ordem Mundial. Na prática, essas instituições atuariam apenas para validar as decisões da ORDEM, como muitos sistemas de justiça já fazem.

Capítulo 6
O Novo Homem

Uma peça-chave do quebra-cabeça da Nova Ordem Mundial é o plano de criar um "Novo Homem": seres humanos modificados geneticamente e condicionados desde o nascimento a servir ao sistema totalitário que se avizinha. Seriam cidadãos dóceis, obedientes, sem individualidade ou pensamento crítico.

Por meio de tecnologias como engenharia genética e chips cerebrais, a ORDEM almeja produzir trabalhadores idealizados, verdadeiras máquinas biológicas programadas apenas para produzir e consumir. Seriam uma nova casta, homo deus, para servir aos desígnios dos "senhores do mundo".

Esse plano eugenista passa pela esterilização em massa de populações indesejadas e pela criação de "filhos de proveta", seres projetados em laboratório conforme os requisitos do sistema. Uma sociedade de clones criados apenas para obedecer sem questionar o "Grande Irmão".

A justificativa apresentada seria que essa nova raça permitiria a criação da sociedade perfeita, livre de conflitos e irracionalidades. Na prática, porém, representaria o auge do totalitarismo, com seres humanos literalmente fabricados para se encaixar como peças dóceis no sistema.

Para chegar a esse estágio, pessoas com características genéticas indesejáveis precisariam ser impedidas de procriar. Isso envolveria políticas draconianas de controle populacional, como esterilização forçada – um tipo de eugenia negativa.

Simultaneamente, seria necessário avançar a engenharia genética para viabilizar os trans humanos sonhados pela ORDEM. As "fábricas de pessoas" selecionariam os embriões com os traços genéticos desejados, descartando os demais. Uma distopia assustadora está por emergir.

Além do controle genético, esses "novos seres humanos" também teriam seus cérebros manipulados para remover comportamentos rebeldes e aumentar a obediência. Microchips implantados permitiriam monitorar e redirecionar pensamentos, eliminando qualquer possibilidade de resistência.

Outra possibilidade seria usar drogas e outras tecnologias para induzir estados alterados de consciência, tornando os humanos passivos e facilmente controláveis. As pessoas poderiam viver permanentemente dopadas e hipnotizadas, sem desejo ou capacidade de contestar a realidade imposta pela ORDEM.

Além da manipulação genética, a ORDEM tem investido em técnicas de controle mental e lavagem cerebral para fazer do ser humano um autômato dócil e obediente. Doutrinação ideológica, manipulação emocional, pressão psicológica e uso de químicos são algumas das táticas empregadas.

Desde tenra idade, as pessoas são condicionadas, por meio do sistema educacional, a aceitar acriticamente a versão da realidade oferecida pelos governantes. Qualquer pensamento independente ou divergente é reprimido desde o princípio.

A grande mídia de massa também atuaria como mecanismo de controle e lavagem cerebral, bombardeando as pessoas com a propaganda e ideologia da ORDEM. Técnicas de manipulação emocional tornariam virtualmente impossível discernir a verdade por trás das mentiras.

Alguns teóricos da conspiração sugerem que substâncias químicas introduzidas na água ou alimentos poderiam aumentar a apatia, submissão e docilidade da população, ajudando a mantê-la controlada. Embora restem dúvidas quanto a utilização de tais substâncias, sabe-se que o governo já fizeram experiências com LSD e outras drogas para modificar o humor e mentalidade da população.

De fato, apesar de tentativas históricas de moldar mentes e comportamentos, o espírito humano se mostra notavelmente resistente e resiliente. As pessoas possuem uma centelha divina interior que permanece acesa, por mais esforços que se façam para apagá-la. Essa centelha de consciência poderá iluminar o caminho mesmo nos tempos mais sombrios que por ventura estejam por vir.

Portanto, embora os aspirantes a "senhores do mundo" possam investir em trans humanismo e controle mental, é improvável que consigam reduzir toda a humanidade à condição de zumbis privados de vontade e discernimento.

Se você pensa que esta visão é apocalíptica demais, saiba que os primeiros passos já foram dados e o processo parece seguir seu curso pré-determinado pela ORDEM.

Crianças consideradas geneticamente desejáveis pela ORDEM receberiam desde cedo treinamento especial para tornarem-se os futuros líderes da Nova Ordem Mundial. Seus talentos seriam cultivados em colégios de elite onde também receberiam doutrinação ideológica.

Já indivíduos tidos como geneticamente inferiores realizariam trabalhos servis, privados de direitos e liberdade. Seriam uma subcasta dedicada a servir sem questionar os desígnios da ORDEM. Provavelmente concentrados em colônias de trabalho vigiadas permanentemente, este sistema avança com a criação de cidades dormitório onde o sub-humano se dirige ao final de cada jornada de trabalho.

Para viabilizar essa sociedade bifurcada entre uma elite e uma massa de servos, a ORDEM investiria pesadamente em úteros artificiais e no desenvolvimento acelerado de embriões selecionados.

Um dilema ético surge com essas técnicas, pois permitiriam não apenas selecionar características desejáveis, mas também promover modificações genéticas mais radicais para criar raças adaptadas a diferentes funções exigidas pela ORDEM. Onde estaria o limite?

Capítulo 07
A Maquinaria do Controle

Na obscura maquinaria do sistema, as engrenagens se movem silenciosamente, perpetuando um ciclo interminável. O que muitos não percebem é que por trás dessa fachada de normalidade, existe uma rede de influências, este grupo oculto que manipula os destinos da humanidade.

A ORDEM não é mera observadora, mas arquiteta secreta da realidade que nos cerca. Eles operam nas sombras, longe dos olhos do público, engendrando eventos e decisões que moldam nosso mundo. Sua influência é disseminada como uma teia invisível que abrange todos os aspectos da vida, desde a política e a economia até a cultura e a religião.

Para compreender seu modus operandi, precisamos mergulhar fundo na teoria da conspiração, explorando como eles manipulam a informação, controlam os recursos do planeta e até moldam nossas crenças. É uma jornada rumo às entranhas do sistema, onde as verdades ocultas aguardam para serem reveladas.

Os métodos da ORDEM envolvem principalmente o controle do dinheiro, da informação, da política e da cultura. Eles estabeleceram estruturas e instituições em todas essas áreas fundamentais como forma de exercer domínio sobre as massas.

No campo financeiro, controlam bancos centrais, instituições como FMI e Banco Mundial, além das bolsas de valores e dos sistemas de pagamento digital. Isso lhes permite manipular as economias nacionais e a distribuição global de riqueza.

Na informação, dominam as principais redes de TV e jornais, além de portais de internet e redes sociais. Também possuem interesses na indústria do entretenimento. Com isso, moldam a opinião pública e criam a ilusão de democracia, enquanto detêm o monopólio da narrativa autorizada.

Na política, financiam campanhas, controlam instituições partidárias e mantêm políticos corruptos ou ideologicamente alinhados em posições de poder. Agências de inteligência também estariam a serviço da ORDEM, espionando e sabotando alvos.

No campo da cultura, a ORDEM determina o que é produzido pela indústria do entretenimento, além de influenciar o sistema educacional por meio de fundações que financiam universidades e centros de pesquisa. Assim moldam os valores e mentalidades das pessoas desde a infância.

Esse alcance global da ORDEM só é possível graças ao uso de estruturas secretas como a franco-maçonaria e outras sociedades discretas. Elas permitem a cooperação e conspiração transnacional para contornar as barreiras de idiomas, culturas e governos.

A ORDEM seria como aracnídeos tecendo uma grande teia de poder e manipulação que envolve praticamente todos os aspectos da existência humana. Essa teia vem sendo tecida há séculos de maneira tão sutil que poucos percebem.

Eles operam em células independentes para garantir o sigilo. Muitos são membros de famílias abastadas que perpetuam essa missão secreta por gerações. Outros são cooptados ao longo da vida devido a ambições de poder e status.

Com frequência, a ORDEM se disfarça de filantropa. Criam fundações e instituições beneficentes para projetar uma imagem positiva. Mas na realidade isso permite lavar dinheiro, evitar impostos e ainda influenciar a política e a opinião pública de acordo com seus interesses.

Eles também se infiltram em movimentos que possam representar ameaça ao status quo. Financiam protestos e grupos dissidentes, os quais passam a agir conforme os propósitos da ORDEM, mesmo sem perceber. Assim, neutralizam qualquer oposição real ao sistema.

Alguns teóricos acreditam que no topo dessa rede de conspiração estariam mestres ocultistas que teriam conhecimentos secretos sobre a psique humana e o universo. Eles decidem os rumos da humanidade baseados em agendas esotéricas desconhecidas do público.

Independente de quem sejam os organizadores da ORDEM, o fato é que claramente existem forças poderosas moldando o mundo nos bastidores. Precisamos expor essa trama, compreender seus métodos de manipulação e assumir nossa autoridade como cidadãos livres para desmantelar esse sistema opressor.

Um pilar essencial de controle é o sistema educacional moldado pela ORDEM para treinar os estudantes desde cedo a obedecer regras, aceitar acriticamente supostas verdades e integrar-se à engrenagem da sociedade sem questionar. As universidades perpetuam esse treinamento.

Para reforçar o controle mental, a ORDEM investe em tecnologias como chips cérebro-computador. Em vez de teclados, nosso próprio cérebro controlaria dispositivos eletrônicos, permitindo à ORDEM não apenas monitorar pensamentos, mas também manipulá-los e censurá-los.

Softwares sofisticados de inteligência artificial são empregados para analisar interações sociais e padrões psicológicos da população em escala massiva. Isso permite que a ORDEM antecipe e controle como ideias, produtos ou políticas serão recebidos e difundidos.

Influenciadores digitais, artistas e líderes religiosos são extensivamente monitorados pela ORDEM através de seus smartphones e dispositivos conectados, para mapear completamente suas fraquezas e depois chantageá-los a cooperar espalhando mensagens convenientes.

Equipes enormes de analistas contratados pela ORDEM vigiam todas as manifestações públicas de descontentamento para determinar quais indivíduos estão por trás da articulação. Eles então são silenciados por meio de prisões administrativas, suicídios forjados ou acidentes fatais.

Capítulo 08
O Controle da Informação

A primeira camada desse mistério reside na forma como a ORDEM permanece nas sombras. Eles evitam a exposição pública a todo custo, movendo-se silenciosamente nos bastidores do poder global. Não são figuras políticas visíveis nem empresários famosos. Ao contrário, preferem a obscuridade, exercendo seu controle por meio de intermediários e aliados leais.

O controle da ORDEM se estende muito além das fronteiras de um país ou continente. Eles operam em escala global, coordenando esforços em várias nações para atingir seus objetivos. Isso os torna praticamente intocáveis, já que não estão sujeitos às leis ou regulamentações de um único governo.

A sociedade em geral não percebe o alcance de sua influência, pois a ORDEM usa técnicas avançadas de disfarce. Financiam instituições de caridade, fundações filantrópicas e grupos de reflexão que parecem benignos à primeira vista, mas que, na realidade, servem como veículos para interesses ocultos.

Por trás dessa aparente benevolência, há uma agenda meticulosamente planejada. Eles exploram as fraquezas humanas, como ganância, medo e ambição, para subornar e cooptar indivíduos influentes em todas as esferas da sociedade.

O sigilo é sua maior arma. A ORDEM não deixa rastros, seus membros ocultam suas verdadeiras identidades e objetivos por trás de uma série de intermediários e camadas de segurança.

A complexidade de seu controle é verdadeiramente assustadora. Eles influenciam governos, moldam a política global e determinam quais informações chegam ao público e quais são mantidas ocultas.

Nossa compreensão da realidade está profundamente enraizada na narrativa que eles criaram. Eles controlam a narrativa global, moldando nossas percepções e crenças, fazendo-nos questionar o que é real e o que é fabricado.

À medida que exploramos mais a fundo esse enigma, a pergunta inevitável surge: qual é o objetivo final da ORDEM? O que eles buscam ao manipular a humanidade dessa maneira? À medida que continuamos nossa jornada, descobriremos as respostas que podem abalar nossa compreensão do mundo que nos rodeia.

Para controlar a narrativa global, a ORDEM utiliza uma série de táticas e estratégias:

Influência sobre os principais meios de comunicação: A ORDEM possui participações acionárias e contatos privilegiados em grandes conglomerados de mídia, incluindo redes de televisão, jornais impressos, portais de notícias online, editoras de livros e revistas. Isso lhes permite moldar o conteúdo noticioso.

Financiamento de think tanks: A ORDEM injeta recursos em think tanks, institutos de pesquisa e universidades para produzir estudos enviesados e "especialistas" que legitimam e reforçam suas narrativas. É uma forma de criar pseudociência.

Desinformação estratégica: Agentes a serviço da ORDEM disseminam informações falsas ou enganosas em redes sociais e na internet para confundir a opinião pública e enfraquecer a confiança em fontes confiáveis de notícias.

Alianças corporativas: Grandes corporações de tecnologia, entretenimento e outros setores alinham seus interesses aos da ORDEM, permitindo que eles manipulem o fluxo de informações nessas plataformas. A censura é velada e seletiva.

Infiltração de governos: Usando suborno, extorsão ou ideologia, a ORDEM garante influência sobre políticos, legisladores e agências reguladoras. Isso cria leis e políticas que os beneficiam.

Compra de influenciadores: Líderes de opinião, celebridades e formadores de tendência são cooptados para endossar, mesmo que subliminarmente, as visões da ORDEM, utilizando sua credibilidade e alcance.

Condicionamento cultural: Ao moldar a produção cultural, principalmente de entretenimento, a ORDEM inculca seus valores e visões no imaginário coletivo de forma gradual. É lavagem cerebral sutil.

Manipulação do sistema educacional: O currículo, os livros didáticos, os exames nacionais e os critérios para o ensino superior são distorcidos para servir aos interesses da ORDEM. Professores são pressionados a segui-los.

Espionagem e vigilância: Com tecnologia de ponta, a ORDEM espiona jornalistas, líderes de oposição e qualquer um que represente ameaça a seu domínio informacional. Chantagem é usada sempre que necessário.

Discricionariedade dos algoritmos: Os engenheiros que desenvolvem algoritmos de redes sociais e mecanismos de busca online são coagidos a programá-los para favorecer a ORDEM e silenciar vozes dissonantes.

Financiamento oculto: Recursos de origem ilegal ou difíceis de rastrear são usados para comprar influência sem deixar o "rastro do dinheiro". Isso dá uma falsa percepção de espontaneidade.

Assim, por meio desse arsenal de táticas, a ORDEM consegue exercer um controle altamente refinado e abrangente sobre o fluxo global de informações. Eles filtram, moldam e manipulam tanto o conteúdo quanto o alcance das narrativas. É uma influência invisível, porém extremamente poderosa e eficaz.

A ORDEM investe vultosas somas em ferramentas de monitoramento e análise semântica para vasculhar a internet e identificar conteúdos que se espalham viralmente questionando sua narrativa oficial. Os criadores desse conteúdo dissidente somem misteriosamente.

Influenciadores independentes que desafiam o discurso da ORDEM são adquiridos por altas quantias ou ameaçados de destruição de suas reputações caso insistam em continuar propagando informações não autorizadas. A cooptação ou eliminação de dissidentes é implacável.

Além de controlar o fluxo de informações externamente, a ORDEM também age internamente para garantir a lealdade de seus membros. Rituais secretos de compromisso e informações compartimentalizadas impedem que qualquer indivíduo sozinho consiga reunir provas para expor a ORDEM.

Agentes da ORDEM infiltrados na academia financiam pesquisas enviesadas para "provar cientificamente" a nocividade de certos tipos de informação que a ORDEM quer banir da internet, como teorias conspiratórias que se aproximem perigosamente da verdade.

A ORDEM treina exércitos de ditadores e cybertrolls para disseminar desinformação coordenada nas redes sociais, confundindo a opinião pública e minando a capacidade das pessoas de discernir fontes confiáveis de informação. A Verdade se torna indistinguível da Mentira.

Capítulo 09
O Controle Econômico

A economia é uma das principais áreas em que a ORDEM exerce domínio sobre a sociedade. Seu controle sobre os sistemas financeiros e monetários globais permite que eles manipulem governos, corporações e cidadãos para atender a seus interesses. É uma influência sutil, porém profunda.

Uma das maneiras mais eficazes de controlar a economia é por meio do sistema bancário central. A ORDEM possui influência decisiva sobre muitos dos principais bancos centrais do mundo, seja por meio de indicação política de seus diretores ou pela pressão de lobistas e financiamento de campanhas.

Isso permite que eles determinem políticas cruciais como taxa de juros, injeção ou retirada de dinheiro de circulação e exigências de reservas bancárias. Essas políticas são usadas ciclicamente para beneficiar a ORDEM, ora expandindo crédito e inflando mercados, ora restringindo para provocar recessões deliberadas.

Outra importante alavanca são as instituições financeiras internacionais como o FMI e o Banco Mundial. A ORDEM influencia essas organizações a conceder empréstimos com condicionantes que forçam países a adotar políticas neoliberais, privatizar setores estratégicos e desmontar políticas sociais.

Isso permite que a ORDEM obtenha contratos e ativos preciosos em nações vulneráveis. Além disso, a dependência da dívida externa mantém esses países reféns das instituições financeiras controladas pela ORDEM.

No comércio internacional, acordos e organismos como OMC, G20 e Davos também são amplamente dominados pela ORDEM. Eles moldam regras que beneficiam suas corporações, forçam a abertura de mercados para seus produtos e impedem países de adotarem políticas protecionistas que os beneficiariam.

A globalização foi crucial para permitir que a ORDEM expandisse seu alcance econômico para praticamente todo o planeta. A interdependência forjada pelo comércio global tornou todas as nações vulneráveis à manipulação financeira e monetária.

O domínio do sistema financeiro também permite à ORDEM lucrar enormemente com especulação nos mercados de câmbio, ações, derivativos e commodities. Por meio de bancos e corretoras globais sob seu controle, eles movem trilhões em ativos, manipulando preços a seu favor.

Essa especulação acaba desestabilizando economias reais, mas gera riqueza colossal para a ORDEM. Crises eventualmente geradas por essas bolhas especulativas também são lucrativas, pois permitem que eles comprem empresas e ativos reais a preço de banana.

Além disso, a ORDEM também influencia governos a aprovar leis que consolidam seu poder econômico. Seja regulamentando o mercado para dificultar a concorrência ou obtendo isenções fiscais e subsídios para seus negócios, o resultado é perpetuar a concentração de renda.

Uma das engrenagens mais cruciais de seu esquema é o uso de paraísos fiscais e o sistema bancário paralelo na Suíça. Ele permite que a ORDEM lave dinheiro, evite impostos e esconda sua imensa riqueza acumulada da população e dos próprios governos.

Sem poder taxar adequadamente a fortuna da ORDEM, os governos se veem forçados a aumentar impostos sobre trabalhadores e pequenos empreendedores para bancar seus orçamentos, aumentando a desigualdade social.

Ao mesmo tempo, a ORDEM utiliza sua riqueza escondida no sistema bancário paralelo para subornos, propinas e financiamentos encobertos de campanhas políticas. Isso garante a eleição de representantes alinhados a seus interesses.

Por esse complexo esquema de manipulação financeira e econômica, a ORDEM consegue extrair riqueza da população e concentrá-la em suas mãos. Simultaneamente, obtém controle sobre governos, empresas e instituições, que passam a servir como fantoches.

Contudo, é importante reconhecer que algumas brechas ainda resistem na fortaleza econômica da ORDEM devido a certos governos e movimentos que buscam proteger sua soberania e promover políticas econômicas mais independentes que beneficiem suas populações.

Exemplos incluem políticas protecionistas contra a entrada de produtos estrangeiros que prejudicam a indústria local, investimentos estatais em infraestrutura e indústrias estratégicas, a criação de impostos sobre grandes fortunas.

A ORDEM promove golpes de estado ou revoluções coloridas em países que ousam nacionalizar recursos naturais estratégicos ou criar moedas próprias, escapando da hegemonia do dólar. Líderes nacionalistas são derrubados e substituídos por fantoches da ORDEM.

Por meio de instituições como FMI e Banco Mundial, a ORDEM impõe a abertura dos mercados nacionais à exploração de suas megacorporações, ao mesmo tempo, em que aquisições de empresas locais por estrangeiros é vedada em países centrais do capitalismo.

A ORDEM também cria escassez artificial de alimentos e commodities, estratégicas para forçar a alta de preços globais e obter supersuperávits com a especulação nos mercados futuros que controla por meio de mega bancos como Goldman Sachs e JP Morgan.

Empresas transnacionais pertencentes à ORDEM sonegam impostos em escala colossal, mas seus executivos nunca são responsabilizados criminalmente graças à influência do Conluio sobre os políticos que deveriam regular essas corporações. A impunidade é total.

Por meio do controle das agências de classificação de risco, a ORDEM chantageia países endividados a privatizarem setores estratégicos e aprovarem leis que beneficiem os oligopólios controlados pela ORDEM, sob a ameaça de rebaixar a nota de crédito e agravar a crise.

Capítulo 10
A Economia Global

A política é mais um campo onde a ORDEM atua para garantir seu poder e influência. Por meio de uma complexa teia de relações, subsídios, lobby, corrupção e alianças, a ORDEM move seus peões no xadrez geopolítico mundial.

Uma das principais estratégias da ORDEM é o financiamento de campanhas políticas e de partidos. Eles injetam quantias vultosas, muitas vezes por meio de fundos ocultos, para garantir a eleição de políticos aliados.

Uma vez eleitos, esses políticos designam membros da ORDEM para cargos influentes no governo e passam a atuar em alinhamento com seus interesses em troca de generosas propinas e a promessa de lucrativas posições no setor privado após deixarem o governo.

Além disso, a ORDEM também domina o lobby político, mantendo grandes escritórios em capitais como Washington e Bruxelas. Esses lobistas atuam junto a parlamentares para influenciar a redação de projetos de lei, garantindo brechas e tratamentos especiais que beneficiam a ORDEM.

Outra estratégia é o controle da mídia para manipular a opinião pública e destruir reputações de políticos que ousam desafiar a ORDEM. Seja por chantagens, boatos ou simplesmente um apagão midiático, esse método serve para minar apoio popular e inviabilizar carreiras políticas indesejadas.

A ORDEM também possui tentáculos profundamente infiltrados nos serviços de inteligência e nas forças armadas, particularmente nos complexos militar-industriais. Isso garante influência geopolítica e lucros extremos em tempos de guerra para seu braço corporativo.

Essa promiscuidade entre política, mídia, serviços de inteligência e complexo industrial militar serve para realizar os desígnios da

ORDEM, seja para derrubar regimes não amigáveis aos seus interesses ou para manter indefinidamente um estado de tensão que legitima os gastos militares com suas corporações associadas.

As agências multilaterais como FMI, Banco Mundial e OMC também são controladas pela ORDEM para promover a abertura de novos mercados e impor políticas neoliberais que perpetuam a desigualdade e o poder das elites.

Na geopolítica, a ORDEM mantém influência parasitária em nações poderosas, cooperando com a elite local para saquear recursos de países mais fracos e manter a estabilidade do sistema financeiro global. É uma simbiose que mantém o fluxo contínuo de riqueza para cima. Isso pode ser claramente visto quando se analisa que países que produzem muito, são pobres, enquanto países que produzem pouco, são ricos.

As nações poderosas também são peças-chave no tabuleiro geopolítico da ORDEM. Elas garantem a manutenção de regimes aliados, o funcionamento do comércio global e a estabilidade econômica necessária para seus negócios. Em troca, a elite local recebe uma fatia dos lucros.

A ORDEM também financia a formação de exércitos privados e milícias para disseminar caos em regiões do globo ricas em recursos naturais cobiçados pelas corporações do Conluio. O colapso social resultante justifica intervenções militares que, na prática, instalam governos fantoches.

Políticos eleitos com discurso nacionalista e que ameacem romper com o domínio da ORDEM sofrem golpes brancos articulados pela mídia corporativa e pelo judiciário aparelhado. As "fake news" sobre suposta corrupção surgem convenientemente após a eleição.

Líderes da ORDEM se encontram secretamente com presidentes e premiês em reuniões privativas jamais registradas em agendas oficiais. Nesses encontros, são transmitidas instruções e ameaças pessoais visando garantir a subserviência dos governantes eleitos às metas da ORDEM.

Para expandir seu império, a ORDEM patrocina rebeldes e separatistas dentro de países que resistem à hegemonia dos Organizadores. Armamentos ilegais são fornecidos para desestabilizar governos e justificar intervenções militares "humanitárias" que, na prática, instalam regimes alinhados.

As chamadas "Primaveras" - revoltas populares aparentemente espontâneas que derrubam governos - na verdade, são meticulosamente planejadas nos bastidores pela ORDEM. Agitadores profissionais treinados em táticas de guerrilha urbana são enviados para catalisar e liderar os protestos.

Capítulo 11
A Teia Política

A cultura é um dos campos mais importantes em que a ORDEM atua para moldar a mentalidade da população e garantir que valores que beneficiam seus interesses sejam amplamente adotados. Sua influência sobre a cultura de massa é sutil, porém incisiva.

Um dos principais vetores de controle cultural pela ORDEM é a indústria do entretenimento. Por meio do financiamento de filmes, séries, música pop e outros produtos culturais, a ORDEM garante que apenas obras alinhadas à sua visão de mundo ganhem destaque.

Produções que celebraram o individualismo, o consumismo ou valores patriarcais e conservadores foram e ainda são amplamente financiadas e promovidas. Já obras que questionam o status quo ou mergulham em questões sociais profundas raramente ganham projeção.

Outro aspecto importante é o controle dos meios de comunicação de massa, que permite à ORDEM bombardear diariamente a população com sua propaganda ideológica, moldando comportamentos e valores de forma sutil, porém eficiente.

A publicidade, em especial, desempenha papel central na promoção de ideais que beneficiam a ORDEM, como a associação da felicidade e realização pessoal ao consumo desenfreado, a objetificação da mulher e a glorificação de padrões de beleza inatingíveis.

Na música pop, as gravadoras pertencentes ou financiadas pela ORDEM priorizam canções com letras sobre sexo, dinheiro e consumo, além da hiper-sexualização da imagem feminina. São aspectos que promovem a passividade política nas massas.

Esse entretenimento cultural "mastigado" serve não apenas para gerar lucro, mas para formatar mentes mais susceptíveis às manipulações da ORDEM. A música se torna mais um instrumento de controle social.

Na literatura, editoriais ligados à ORDEM controlam o que é publicado e promovido. Autores genuinamente questionadores enfrentam o silenciamento ou a marginalização. A diversidade é estimulada, mas dentro de limites seguros que não coloquem em risco o sistema.

A influência no meio acadêmico também é significativa. Financiamentos direcionados moldam pesquisas nas ciências humanas, ditando os temas "bem-vindos" e os "indesejáveis". Disciplinas como sociologia e filosofia são as mais afetadas por esse enviesamento.

A arquitetura e o urbanismo não escapam do alcance da ORDEM, que moldou as cidades para segregar espaços, dificultar manifestações públicas e atomizar os indivíduos, desestimulando a colaboração. A estética urbana reflete esses valores.

Na moda, o financiamento e promoção de estilistas alinhados criam tendências que valorizam marcas, aparência e consumismo, além de ditar padrões de beleza artificiais que geram ansiedade e insatisfação contínuas.

As instituições culturais também recebem financiamento da ORDEM, mas são obrigadas a branquear temas políticos e abraçar o multiculturalismo superficial, sem questionar os reais motores da desigualdade e injustiça na sociedade.

A influência no sistema de ensino, desde o básico ao superior, também é crucial para formatar mentes desde cedo, por meio de currículos moldados para enfatizar habilidades técnicas em detrimento do pensamento crítico. O conhecimento é fragmentado para desencorajar uma visão holística.

Dessa forma, praticamente toda a produção cultural é minuciosamente direcionada pela ORDEM para criar uma sociedade mais individualista, consumista, despolitizada e maleável a suas manipulações. É uma forma de "adestramento cultural" que poucos percebem.

A ORDEM patrocina discretamente artistas, cineastas e escritores dispostos a disseminar em suas obras seus valores individualistas e consumistas. Obter fama e fortuna em troca da influência cultural é um acordo tentador aceito por muitos.

Nas artes plásticas, a ORDEM manipula o mercado e o valor atribuído às obras. Artistas alinhados têm suas peças inflacionadas e promovidas como grandes gênios pelos críticos da mídia especializada. O debate estético é também sequestrado. A ORDEM determina quais obras receberão status de preciosidades inestimáveis em leilões milionários. Pintores medíocres, mas ideologicamente alinhados, têm suas telas inflacionadas e eternizadas nos principais museus.

O controle do prêmio Nobel de literatura garante que a ORDEM possa escolher quais autores receberão o reconhecimento máximo em letras. Romancistas dissidentes são ignorados, enquanto aqueles que se calam diante do sistema são consagrados.

No cinema, roteiros que retratem genuinamente grupos oprimidos ou denunciem injustiças sociais são sabotados já nas primeiras etapas de aprovação de projetos pelos grandes estúdios controlados pela ORDEM. Filmes transformadores dificilmente chegam às telas.

A arquitetura e o urbanismo moldados pela ORDEM resultam em cidades frias, com espaços segregados, vigilância ostensiva e repressão a manifestações públicas. A estética urbana reflete a desumanização gradual promovida pelo sistema.

Contudo, é importante reconhecer que há uma cultura alternativa sendo gestada nos subterrâneos da sociedade. Artistas, intelectuais e comunicadores independentes usam a internet e tecnologias descentralizadas para disseminar visões críticas e conscientes.

Essa contracultura vem ganhando força e atraindo cada vez mais mentes insatisfeitas com o "pop mecânico" promovido pela ORDEM. E ela representa uma ameaça real ao monopólio cultural que sustenta sua hegemonia nas mentes da maioria adormecida.

Portanto, apesar de sua vasta influência sobre o mainstream cultural, a ORDEM ainda não conseguiu eliminar esse germe rebelde que encontra meios de florescer nas frestas e transmitir visões que inspiram resistência criativa contra o sistema de manipulação cultural promovido pela ORDEM há tanto tempo. E essa contracultura pode se tornar a semente de uma profunda transformação dos valores e visões dominantes.

Capítulo 12
A Manipulação Cultural

A fé e a espiritualidade também são mais um campo de atuação da ORDEM para influenciar a mentalidade humana e legitimar seu domínio. Por meio do controle de instituições religiosas tradicionais e do fomento de seitas e movimentos espirituais alinhados a seus interesses, a ORDEM manipula mesmo a busca mais íntima do ser humano pelo transcendente.

Grandes religiões institucionalizadas historicamente tiveram seus líderes cooptados ou intimidados pela ORDEM a fim de servirem como veículos de controle social e disseminação de mentalidades como obediência cega, conformismo, individualismo espiritual e desprezo pelas realidades terrenas.

Assim, o verdadeiro potencial emancipatório contido nos ensinamentos originais de mestres como Jesus ou Buda foi sendo diluído e distorcido pela atuação de sacerdotes e prelados vinculados à ORDEM ao longo dos séculos. A mensagem transformou-se em dogmas rígidos e poderosas estruturas hierárquicas.

Além de influenciar o conteúdo do ensino espiritual, a ORDEM age dentro das principais religiões para encorajar e mesmo exacerbar sectarismos, estigmatizar hereges e manter um estado de tensão entre diferentes crenças, enfraquecendo assim os princípios universais comuns a todas elas.

Outra estratégia importante é o estímulo ao fundamentalismo religioso, que cria fiéis fanáticos e intolerantes, facilmente manipuláveis para servir como massa de manobra em cruzadas, guerras e confrontos motivados por interesses geopolíticos da ORDEM travestidos de conflitos religiosos.

Além do controle das religiões tradicionais, a ORDEM também atua na criação e promoção de seitas e movimentos que disseminam uma espiritualidade superficial, sem compromisso real com valores de justiça e igualdade. São cultos ao ego, que pregam a prosperidade material como caminho espiritual.

Esses novos movimentos frequentemente mesclam elementos do oriente descontextualizados e idealizados com práticas da new-age. Eles se espalham entre a classe média urbana, promovendo uma alienação tranquilizadora, onde o fiel é levado a acreditar que sua meditação solitária já está transformando o mundo.

Celebridades e líderes empresariais são frequentemente recrutados para emprestar uma aura de prestígio a esses movimentos. Retiros de autodesenvolvimento em centros urbanos de meditação atraem seguidores que muitas vezes se encontram desconectados da realidade. Ioga e meditação tornaram-se, lamentavelmente, mais uma commodity de consumo e, por vezes, uma fonte de alienação.

Assim, controlando o conteúdo de religiões tradicionais ou criando novos movimentos espirituais de acordo com seus interesses, a ORDEM consegue moldar a busca humana pelo sagrado para que ela não represente uma ameaça ao status quo, mas antes reforce-o perpetuando a ignorância.

Ao longo da história, observa-se o padrão de cooptação e distorção dos ensinamentos originais libertadores das grandes tradições religiosas. O budismo, que enfatizava o autoconhecimento e a compaixão, foi transformado em um sistema rígido e hierárquico na maior parte dos países asiáticos.

O cristianismo, cujo fundador pregava amor incondicional e condenava a riqueza, frequentemente se associou a guerras, inquisições e acúmulo de ouro e poder temporal. A mensagem original foi deturpada pela ORDEM para servir a interesses geopolíticos e econômicos.

Até mesmo religiões orientais, como o hinduísmo e tradições indígenas nas Américas, foram influenciadas e utilizadas pela ORDEM ao longo dos séculos para facilitar a colonização e subjugação de povos inteiros. Líderes espirituais foram cooptados ou substituídos por representantes leais ao poder imperial.

Mais recentemente, a ORDEM percebeu que o fervor religioso poderia ser canalizado para o fundamentalismo, gerando movimentos radicais facilmente manipuláveis para desestabilizar regimes ou justificar intervenções militares em nome de "guerras santas". O integrismo tornou-se mais uma peça de xadrez geopolítico.

Alguns analistas apontam que no século XX houve um esforço deliberado de revitalizar o fundamentalismo nos países islâmicos para combater a onda de governos laicos, socialistas e nacionalistas na região. A CIA e serviços de inteligência britânicos teriam fomentado esse processo.

Ao longo da história, a ORDEM infiltrou sociedades secretas dentro das principais religiões para manipular seus ensinamentos originais e convertê-las em instrumentos de controle social. A Maçonaria teria surgido dentro desse esforço de distorção do Cristianismo.

Mensagens espiritualmente elevadas que poderiam levar ao despertar das massas são diluídas pela ORDEM. Palavras como "amor" e "perdão" se tornam repetições esvaziadas de seu poder transformador. A manipulação é sutil e eficaz.

Novos movimentos religiosos são patrocinados e promovidos na mídia pela ORDEM desde que seus líderes concordem em disseminar uma espiritualidade superficial, sem compromisso real com a justiça social ou a autotransformação verdadeira.

A ORDEM também coopta líderes carismáticos de movimentos espirituais genuínos. Subornos, sedução e chantagem são usados para corrompê-los. Sem perceber, esses líderes passam a disseminar os valores individualistas da ORDEM em troca de fama e poder.

As grandes organizações religiosas são incentivadas pela ORDEM a antagonizar os seguidores de outras crenças, estimulando fundamentalismos, perseguições e guerras motivadas por diferenças de fé. A união dos fiéis representaria um risco ao sistema.

Capítulo 13
A ORDEM no Entretenimento

Vamos identificar melhor a ORDEM nos diversos campos da vida cotidiana.

A tecnologia, que poderia ser uma ferramenta libertadora, acabou se tornando um dos principais meios usados pela ORDEM para controlar e moldar a sociedade de acordo com seus interesses. Por meio do monopólio tecnológico e do direcionamento estratégico da inovação, a ORDEM transformou a tecnologia em mais um instrumento de poder e manipulação em grande escala.

Um dos campos mais importantes é o da tecnologia digital de informação e comunicação. A ORDEM domina e controla a maioria das grandes corporações de software, hardware, redes sociais e serviços online. Isso permite que eles determinem os rumos da inovação nessas áreas.

Tecnologias que poderiam descentralizar o poder e permitir mais liberdade de informação e colaboração são desprezadas ou marginalizadas. Ao contrário, as big techs da ORDEM desenvolvem plataformas aditivas, que controlam e monetizam nossa atenção, além de permitir vigilância sem precedentes.

A inteligência artificial também está sendo direcionada pela ORDEM para atender seus interesses. Ao invés do sonho de máquinas que libertariam a humanidade do trabalho repetitivo, a IA está sendo aplicada em automação predatória para aumentar os lucros das megacorporações, excluindo trabalhadores e concentrando renda.

Na medicina, a tecnologia que poderia curar doenças e prolongar vidas é deliberadamente contida para manter a população doente e dependente da indústria farmacêutica. Terapias não invasivas e preventivas são marginalizadas em detrimento de remédios que 'tratam" sintomas permanentemente.

Na indústria bélica, os avanços tecnológicos mais assustadores estão sendo aplicados para desenvolver armas cada vez mais letais e pontiagudas para vigilância e controle da população. Guerras são perpetuadas para teste e venda dessas armas, gerando imensos lucros à ORDEM.

A tecnologia agrícola e de produção de alimentos também foi distorcida para servir ao modelo da monocultura em grande escala, que depende de insumos tóxicos fornecidos pelas megacorporações da ORDEM. Alimentos são transformados em mercadorias, não em direitos.

As big techs também controlam e moldam a informação que chega até nós, por meio do filtro algorítmico das redes sociais e mecanismos de busca enviesados. A neutralidade da rede é manipulada em favor da ORDEM, que paga por prioridade e privilégios dentro do ecossistema digital.

Na área de entretenimento, a tecnologia é usada para criar bolhas hipnóticas de consumo e distração, além de recolher uma quantidade sem precedentes de dados comportamentais que alimentam os esforços da ORDEM para nos estudar e moldar mentes coletivas e individuais.

Portanto, em todos os setores, a tecnologia avança não para servir às verdadeiras necessidades humanas de forma harmônica, mas para aumentar o poder de controle e os lucros da ORDEM. Nossa criatividade coletiva está sendo sequestrada e utilizada contra nós mesmos.

Na indústria do entretenimento, roteiristas e diretores que se recusam a retratar minorias e grupos oprimidos de acordo com estereótipos que servem à narrativa da ORDEM são impedidos de trabalhar em grandes produções, mesmo que sejam talentosos. Assim, visões deturpadas são perpetuadas.

Letras de músicas populares passam por supervisão editorial da ORDEM antes do lançamento para garantir a veiculação de valores individualistas e consumistas, ao mesmo tempo, em que textos com apelo emancipatório são descartados pelas gravadoras controladas pelo sistema.

A ORDEM investe vultosas quantias em empresas de marketing que utilizam algoritmos de maximização de engajamento para projetar vídeos e posts em redes sociais extremamente viciantes, prendendo a atenção dos usuários em redes controladas pela ORDEM.

Jornalistas de entretenimento conhecidos por críticas mordazes a celebridades que cooperam com a ORDEM enfrentam processos, ataques coordenados de hackers anônimos e até ameaças veladas a suas famílias caso insistam em publicar denúncias sobre astros e estrelas protegidos pelo sistema.

Premiações em cinema, música e televisão são criteriosamente manipuladas nos bastidores, com comissões secretas escolhendo previamente os vencedores com base no alinhamento ideológico. O evento público é mera encenação para iludir o público com uma falsa meritocracia.

Contudo, sinais de esperança existem à medida que algumas mentes brilhantes percebem o quanto a tecnologia foi sequestrada e estão criando alternativas descentralizadas e colaborativas em cada um desses setores, devolvendo o poder tecnológico às pessoas.

Essas alternativas ainda são marginais, mas à medida que sua adoção cresce, poderão representar uma verdadeira revolução tecnológica guiada por valores humanistas, não pela ganância por poder e controle. E assim, a tecnologia ainda pode catalisar uma era mais iluminada para a humanidade, desde que nos mantenhamos vigilantes.

Capítulo 14
A ORDEM no Conhecimento Humano

A ciência, que deveria ser uma busca desinteressada pela verdade e avanço do conhecimento, também acabou colonizada pelos tentáculos da ORDEM ao longo do tempo. Por meio do controle do financiamento, das publicações e carreiras acadêmicas, aquilo que era para ser uma empreitada orientada à expansão do saber humano passou a ser guiado pelos interesses de poder e lucro da ORDEM.

Uma das principais formas de controle se dá pelo financiamento seletivo da pesquisa científica. Grandes somas são investidas em áreas que podem gerar novas armas, medicamentos, tecnologias de vigilância, Inteligência Artificial, etc. Em contrapartida, campos como energia limpa, prevenção de doenças e tecnologias que empoderam pessoas recebem apenas migalhas.

Além disso, a ORDEM também domina as principais editoras e publicações científicas, podendo assim determinar quais estudos ganham visibilidade e quais são relegados à obscuridade. Pesquisas dissidentes veem dificilmente a luz do dia nesse sistema enviesado de publicação.

Outra estratégia é o controle das carreiras acadêmicas por meio do financiamento das universidades e instituições de pesquisa. Cientistas que se atrevem a desafiar os dogmas da ORDEM são marginalizados, perdem financiamento e cargos. A autocensura se torna regra entre os que pretendem avançar.

Alguns dos maiores avanços científicos da história foram obtidos por mentes dissidentes trabalhando à margem do sistema oficial de seu tempo. Hoje isso é praticamente impossível devido ao poder de cooptação e abafamento da ORDEM sobre a ciência institucionalizada.

Na medicina, a influência nefasta da ORDEM faz com que remédios milagrosos sejam ridicularizados e proibidos apenas porque não podem ser patenteados, enquanto medicamentos tóxicos são amplamente receitados porque garantem lucros astronômicos. A saúde da população não importa, e sim os ganhos da Big Pharma.

Na psiquiatria e psicologia, campos inteiros de pesquisa sobre estados não-ordinários de consciência e o poder da mente foram suprimidos porque representavam uma ameaça ao controle da ORDEM sobre o pensamento humano. Apenas drogas que induzem estados alterados artificiais são permitidas.

Na física, descobertas que desafiariam as suposições materialistas da ORDEM sobre a natureza da realidade são ridicularizadas pela comunidade científica e pelos meios de comunicação para desencorajar demais pesquisadores a se aventurarem por esses temas tabu. Todo um universo de fenômenos é deliberadamente desprezado e obscurecido.

Na nutrição, o conhecimento sobre a relação entre dieta, saúde mental e espiritualidade é suprimido, enquanto pesquisas enviesadas empurram dietas artificiais que geram ganhos para a indústria de alimentos processados, mas adoecem a população.

Até mesmo na história, arqueologia e paleontologia, as narrativas financiadas pela ORDEM obscurecem ou deturpam registros que contradigam os dogmas aceitos sobre a nossa origem e identidade. Verdades inconvenientes ao sistema são ocultadas da população.

Portanto, em todos os ramos do conhecimento a ciência deixou de ser uma busca desinteressada pela verdade para se tornar mais um instrumento de controle nas mãos da ORDEM. Seus frutos passaram a ser orientados principalmente para expansão do poder e da riqueza de alguns poucos.

Para doutrinar o público sobre padrões irrealistas de beleza desde cedo, a ORDEM influencia editores de revistas infantis e teen, determinando diretrizes de layout e conteúdo que celebrem a magreza extrema e valorizem somente um único tipo físico.

A indústria da moda promove compulsivamente o consumo de roupas e acessórios que rapidamente saem de moda. As passarelas controladas pela ORDEM lançam tendências que enfatizam a ostentação, sensualidade e culto às marcas famosas, moldando comportamentos superficiais.

Campanhas publicitárias que reforçam estereótipos de gênero, seja pela hipersexualização da mulher ou pela representação do homem como insensível provedor material, são financiadas pela ORDEM para manter vivos esses papéis limitantes impostos pela sociedade.

Cirurgias plásticas desnecessárias são incentivadas implicitamente pela ORDEM como caminhos para aceitação social, validação externa e ascensão profissional. Essas promessas falsas movem um mercado bilionário de procedimentos estéticos que geram lucro às clínicas parceiras do sistema.

A ORDEM exerce maior influência sobre o desenvolvimento da autoimagem, isso ocorre por meio de concursos de beleza infantil e desfiles para crianças, onde valores distorcidos da ORDEM sobre estética são incutidos prematuramente, gerando futuros clientes para a indústria de manipulação da aparência.

Contudo, felizmente o espírito científico não pôde ser completamente aniquilado. A sede pela verdade ainda move mentes corajosas dentro da própria academia a desafiar o pensamento hegemônico em suas áreas, mesmo sob o risco de marginalização e hostilidade dos pares condicionados.

E a ciência de fato avança, ainda que a passos lentos e trôpegos, empurrada mais pelas contradições internas do próprio sistema científico corrompido do que propriamente por sua sanidade e amor desinteressado pela busca do conhecimento.

Capítulo 15
A ORDEM nas Artes

A arte, em suas mais diversas formas, tem um imenso poder de tocar o íntimo do ser humano e elevar sua consciência a estados mais sutis e expansivos. Por isso, com o tempo a ORDEM passou a exercer uma forte influência sobre o mundo das artes a fim de convertê-la de instrumento de transformação em mais uma ferramenta de controle e moldagem das mentes.

Nas artes plásticas e visuais, a ORDEM age financiando museus, galerias, leiloeiras e publicações especializadas, determinando quais artistas e obras recebem destaque no mercado e nos círculos de elite. O estabelecimento artístico serve como porta-voz dos interesses da ORDEM.

Obras de arte dissidentes, mas profundamente inspiradoras, dificilmente conseguem espaço nesse circuito controlado.

Ficam restritas a ambientes alternativos com pouca visibilidade. Enquanto isso, criações rasas ou mesmo aberrações cheias de significado críptico para a ORDEM são promovidas como grandes obras-primas.

No cinema e audiovisual, o financiamento seletivo de projetos cinematográficos pelos grandes estúdios pertencentes à ORDEM garante que apenas roteiros alinhados com seus valores se tornem grandes produções para o consumo das massas.

Filmes com narrativas verdadeiramente revolucionárias são sistematicamente boicotados pelos meios cinematográficos controlados pela ORDEM. Criadores que ousam desafiar esse sistema são banidos para a categoria de "cineastas malditos". Sua obra fica restrita a cineclubes de nicho.

Na música popular predomina o mesmo fenômeno. Os grandes selos gravadores promovem apenas artistas cujas composições reforçam mentalidades que beneficiam a ORDEM, como superficialidade, consumismo, hedonismo, submissão.

Letras com potencial emancipatório e de elevação da consciência são vetadas pelas gravadoras da ORDEM. Músicos que insistem em seu caminho independente enfrentam a marginalização de suas carreiras e o boicote velado pela grande mídia e casas de shows vinculadas à ORDEM.

Na literatura, as grandes editoras controlam o que é publicado e promovido. Autores de literatura verdadeiramente transformadora são ignorados, enquanto livros alinhados com a visão de mundo da ORDEM recebem ampla exposição, prêmios e adaptações para o cinema e TV.

Editores que ousam publicar obras críticas ao sistema sofrem pressões e boicotes que podem arruinar suas carreiras e casas editoriais. A literatura dissidente ou fica pela internet, ou é condenada aos pequenos selos alternativos sem alcance de massa.

A arquitetura e o urbanismo também foram convertidos de instrumentos para elevação do espírito em ferramentas de controle e segregação dos espaços. A estética das cidades passou a refletir a racionalidade desumana da ORDEM e sua necessidade de vigiar e controlar fluxos populacionais.

Projetos urbanísticos verdadeiramente humanistas, que integrem de forma orgânica e bela os espaços de convivência, são sabotados pelos interesses imobiliários da ORDEM. A feiura e artificialidade tomam o lugar da beleza arquitetônica inspiradora.

Portanto, do cinema às artes plásticas, da música à literatura, a ORDEM age poderosamente para distorcer o papel emancipador da arte e convertê-la em mais um instrumento de manipulação em massa para fins de poder e controle social.

Letras que exaltam o crime, violência, consumo de drogas e comportamento sexual irresponsável são amplamente promovidas pela indústria fonográfica controlada pela ORDEM. Os efeitos sociais negativos não importam, desde que gerem lucro.

A apropriação da cultura negra pelo mercado musical branco, especialmente no rap e no hip hop, é incentivada para diluir a raiz contestadora do movimento. Sons transformadores são convertidos em produtos descartáveis de massa pela ORDEM.

Músicas com letras complexas ou mensagens profundas raramente emplacam nas paradas e playlists promovidas pela ORDEM. O que se torna hit são sempre os sons mais rasos e repetitivos, facilmente assimilados por mentes pouco desenvolvidas.

Vídeos musicais com imagens hipersexualizadas, apologia às drogas e ostentação de bens materiais recebem massiva divulgação pela ORDEM. Esses modelos tóxicos moldam mentes ainda em formação quando consumidos de forma acrítica.

A ORDEM sabotou diversos movimentos musicais contraculturais que surgiram ao longo do tempo, seja pelo assassinato de seus líderes ou pela cooptação e diluição da mensagem original transformadora até a tornar inofensiva ao sistema. Mas o espírito artístico continua vivo, ainda que oprimido, buscando brechas de luz para seguir inspirando, questionando e elevando a consciência humana.

Capítulo 16
A Cooptação dos Líderes

Ao longo dos séculos, a ORDEM desenvolveu táticas altamente refinadas para cooptar, controlar ou neutralizar indivíduos com grande poder de influência sobre a população. Líderes políticos, religiosos, militares e culturais são peças-chave no jogo de manipulação em massa realizado pela ORDEM.

No campo político, a ORDEM atua desde a base, patrocinando discretamente as carreiras de jovens líderes estudantis que mostram inclinação ao pragmatismo e ambição de poder. Eles recebem mentoria, financiamento e apoio da grande mídia.

Uma vez no poder, esses políticos são chamados a atender aos interesses da ORDEM em troca da manutenção de sua posição. Caso se recusem, sofrem impeachments, vazamento de escândalos ou simplesmente uma campanha de desmoralização pública.

Outra estratégia é patrocinar o surgimento de líderes populistas de extrema-direita ou de esquerda radical quando convém à ORDEM desestabilizar uma democracia e impor medidas de exceção. O financiamento fluente e apoio midiático surgem nesses casos quase magicamente.

No campo militar, oficiais promissores das forças armadas são selecionados ainda na academia militar para integrarem a maçonaria e outros clubes secretos que servem de ante-sala para a ORDEM. Ali são treinados para atender seus interesses geopolíticos quando alcançarem postos de comando.

Religiosos de destaque também despertam a atenção da ORDEM. Líderes carismáticos, seja de grandes igrejas ou movimentos menores, são alvos da cooptação. Os que se recusam enfrentam campanhas de difamação e desmoralização que arruínam suas carreiras.

Astros do cinema e da música pop também recebem generoso patrocínio da ORDEM para difundir, mesmo que subliminarmente, seus valores e mentalidades nas massas por meio dos filmes e canções que protagonizam. A fama e a riqueza têm seu preço nesse sistema.

Educadores e cientistas proeminentes são cortejados com financiamentos, prêmios e fama, desde que concordem em servir aos interesses da ORDEM. Mais do que dinheiro, o apelo à vaidade pessoal de figurar como autoridade legítima é uma poderosa ferramenta de cooptação desse público.

Pensadores e filósofos com grande penetração de ideias, principalmente entre as camadas jovens, também despertam a atenção da ORDEM. Se não podem ser cooptados, são ridicularizados publicamente pela grande mídia como pensadores menores ou excêntricos fora de sintonia com a realidade.

Assim, por meio de financiamento, chantagem, lisonja ou difamação, a ORDEM molda o comportamento e as ideias dessas figuras proeminentes que possuem o poder de influenciar as massas e inspirar movimentos que poderiam desafiar a ordem estabelecida. É uma manipulação sutil, porém incrivelmente eficaz e disseminada.

A ORDEM molda currículos escolares para enfatizar disciplinas técnicas em detrimento de artes, humanidades e pensamento crítico. O objetivo é formar indivíduos passivos, obedientes e destreinados criativamente para se encaixarem como peças facilmente substituíveis no sistema.

Editais de financiamento para pesquisa e bolsas de estudo são meticulosamente desenhados pela ORDEM para beneficiar somente projetos acadêmicos inócuos. Estudos sobre pensamento independente, novos sistemas econômicos ou soluções de base enfrentam barreiras e cortes orçamentários.

Doutrinações constantes sobre temas comportamentais buscam moldar mentes ainda em formação para incorporarem valores individualistas e consumistas, ao mesmo tempo, em que a consciência social e senso de comunidade são minimizados pela educação conduzida pela ORDEM.

Materiais didáticos de história e geografia são distorcidos pela ORDEM para apresentar interpretações tendenciosas que legitimem a dominação global do sistema. Gerações são formadas com visão deturpada dos fatos, facilitando a manipulação.

A ORDEM trabalha para aumentar gradualmente o custo da educação superior para restringir o acesso às camadas privilegiadas da sociedade. Um sistema de endividamento vitalício com financiamentos estudantis garante controle sobre os indivíduos mesmo após a formatura.

Contudo, vale ressaltar que existem exceções, líderes íntegros em todas essas áreas que resistiram bravamente às investidas da ORDEM para preservar seus valores e autenticidade. Eles pagaram um preço alto, vendo suas carreiras e reputações sabotadas de diferentes formas.

Porém, seu exemplo de coragem permanece como uma inspiração e lembrete de que sempre existirão indivíduos que colocam a verdade e o bem maior acima de seus próprios interesses. E enquanto existirem tais líderes verdadeiramente éticos, a centelha da resistência nunca se apagará.

Infelizmente, são a minoria. A maioria se rende aos métodos sutis, porém eficazes, da ORDEM para atrair e controlar personagens influentes em todas as esferas da sociedade. Por isso, é essencial que a população aprenda a reconhecer esses mecanismos de cooptação e desenvolva seu próprio discernimento, diminuindo a dependência da figura de líderes e guias espirituais.

Pois em uma sociedade onde cada indivíduo cultiva sua própria luz interior, nenhuma sombra exterior, não importa o quão grande seja seu poder, conseguirá escravizar a muitos por muito tempo. E essa independência de espírito continua ao alcance de todos nós.

Capítulo 17
Sementes de Mudança

Obras literárias com narrativas e personagens verdadeiramente transgressores dificilmente encontram editoras dispostas a publicá-las. Autores que insistem nessa via enfrentam ostracismo ou ridicularização pela crítica especializada vinculada à ORDEM.

Premiações em literatura são conduzidas por comissões pertencentes à elite da ORDEM. Dissidentes são excluídos, enquanto escritores medíocres, porém ideologicamente alinhados, são alçados ao status de gênios por uma inteligência condicionada pelo sistema.

Agentes da ORDEM dentro de editoras atuam para censurar ou adulterar trechos de obras literárias que exponham com muita clareza as contradições e injustiças do sistema. Denúncias diretas são abrandadas ou simplesmente cortadas sem o conhecimento do autor.

O financiamento público à publicação de livros é manipulado pela ORDEM para que a verba seja destinada majoritariamente a editoras comerciais. Projetos editoriais independentes e contraculturais que ameacem o discurso hegemônico são inviabilizados pela falta de verbas.

As indicações para o material de leitura obrigatória nas escolas passam pelo crivo da ORDEM, que seleciona títulos com viés ideológico para garantir a formação de mentes domesticadas que internalizem naturalmente a visão de mundo que interessa à elite dominante.

Mas apesar da grande influência da ORDEM sobre as expressões culturais dominantes, há um fenômeno crescente de resistência surgindo por meio de movimentos culturais alternativos que buscam espaços de autonomia e liberdade criativa fora do alcance da cooptação sistêmica.

Essas iniciativas culturais independentes desafiam o status quo promovido pela ORDEM e apontam caminhos para uma sociedade mais consciente e harmônica por meio de valores humanistas e práticas colaborativas. Abaixo, alguns exemplos dessas sementes de mudança.

Na educação, escolas alternativas baseadas em pedagogias libertadoras vêm ganhando força. Elas priorizam o desenvolvimento integral do aluno, não apenas o treinamento para exercer funções econômicas. O cultivo do pensamento crítico, autoconhecimento e valores humanos estão no centro, não a obediência acrítica.

Essas escolas organizam-se geralmente de forma autogerida, sem prescindir da excelência acadêmica. Mas os estudantes são vistos como parceiros no processo educacional, não recipientes passivos de informação. Essa abordagem revela o potencial criativo dos jovens, preparando-os para serem agentes de transformação, não apenas engrenagens do sistema.

Na saúde, práticas integrativas e terapias naturais ganham mais espaço. Elas empoderam as pessoas a cultivarem bem-estar físico e mental sem depender da medicalidade imposta pela indústria farmacêutica. Ioga, meditação, artes, dança e contato com a natureza são algumas das ferramentas usadas por essa rede emergente de saúde integral.

Na alimentação, a agroecologia e os mercados de produtores locais estão revolucionando nossa relação com o alimento, resgatando sabores e culturas tradicionais, fortalecendo comunidades rurais e quebrando a dependência de insumos tóxicos e sementes transgênicas impostas pela ORDEM. É uma mudança radical na base da cadeia produtiva.

Na economia, moedas sociais, cooperativas autogeridas, fundos éticos de investimento, bancos comunitários e outras iniciativas são exemplos da busca por modelos financeiros mais justos e sustentáveis. Eles fortalecem redes de colaboração local e valorizam o bem-estar coletivo, e não o acúmulo de riqueza por poucos.

Na política, a descentralização do poder em escala local por meio de dispositivos como orçamento participativo e assembleias cidadãs vem resgatando o protagonismo das pessoas sobre decisões que afetam suas próprias comunidades. Essas células de democracia direta construirão o futuro.

Na tecnologia, programadores e engenheiros conscientes estão criando alternativas open source descentralizadas para cada vez mais necessidades digitais, escapando das grandes corporações controladas pela ORDEM. São sementes do que podem se tornar uma rede peer-to-peer de produção e governança distribuída.

Portanto, em todos os campos, há sinais crescentes de uma consciência emergente que deseja romper com os vieses competitivos e desumanos que prevalecem na cultura dominante moldada pela ORDEM. Essas iniciativas ainda são células pequenas, porém vivas, apontando o caminho para um futuro mais colaborativo e harmônico, pois o que começa pequeno pode ganhar escala rápida em um mundo hiperconectado. Essas soluções ganham visibilidade e inspiram adaptações por seus valores intrínsecos, não por campanhas de marketing. Cada pessoa impactada se torna um centro irradiador de mudança.

Claro, essas iniciativas enfrentam desafios e ameaças reais de cooptação ou retaliação mais direta pela ORDEM. Porém, a cada golpe sofrido, essas redes se tornam mais fortes e mais resilientes pela diversidade de conexões que estabelecem. É muito mais difícil corromper totalmente sistemas descentralizados.

Portanto, apesar do imenso poder, a ORDEM não consegue silenciar esse chamado que emerge do coração humano por relações mais colaborativas, criativas e orientadas para o bem comum. E a tendência é que esse eco se amplifique e diversifique, tornando o terreno fértil para a construção de uma nova civilização.

Capítulo 18
A ORDEM na Fé

Em sua busca por poder e controle social, a ORDEM soube manipular hábil e pragmaticamente as crenças religiosas ao longo dos séculos, distorcendo mensagens espirituais emancipadoras, fomentando radicalismos ou criando novos cultos para perpetuar sua influência sobre as massas.

A narrativa da criação do mundo em textos sagrados é distorcida pela ORDEM ao longo dos séculos para se encaixar na visão materialista, gerando interpretações fundamentalistas que causam conflito com descobertas científicas e afastam os jovens da espiritualidade.

Líderes religiosos que insistem em adotar posições progressistas sobre questões como pobreza, desigualdade social e ecologia são reprimidos pela ala conservadora das hierarquias eclesiásticas influenciadas pela ORDEM. A palavra revolucionária é abafada.

A ORDEM trabalha para manter a rivalidade histórica entre as principais religiões, sabotando tentativas de diálogo inter-religioso. Cismas internos dentro de cada tradição também são estimulados para enfraquecer mensagens espirituais libertadoras com potencial de unificação.

Sociedades secretas controladas pela ORDEM atuam dentro de igrejas e templos para garantir a ascensão de líderes leais à visão distorcida da fé. Religiosos genuinamente comprometidos com valores éticos são marginalizados e perseguidos por essas sociedades internas.

A doutrinação religiosa desde a infância é incentivada pela ORDEM para criar seguidores fanáticos, intolerantes e facilmente manipuláveis. O cultivo do pensamento crítico e da conexão com a voz interior é substituído pela obediência cega a dogmas externos.

No entanto, felizmente, a autêntica e profunda espiritualidade que toca o coração humano não pode ser completamente domesticada. Em todos os credos, nascem movimentos de renovação que resgatam os verdadeiros ensinamentos libertadores e buscam incarná-los na realidade contemporânea de forma comprometida com a justiça e a verdade.

Essas vertentes resistem às tentativas de cooptação da ORDEM e sobrevivem frequentemente à margem das hierarquias e instituições religiosas fossilizadas. Suas vozes ecoam como um chamado à consciência e a um despertar, lembrando a todos que a verdadeira fé exige compromisso com a transformação, não com a manutenção de estruturas de poder que beneficiam apenas alguns.

Portanto, apesar da forte influência, a ORDEM não conseguiu apagar a centelha divina que habita o espírito humano e continua buscando se manifestar através daqueles que ouvem verdadeiramente a voz interior e se comprometem com seu crescimento espiritual. Essa centelha divina não pode ser manipulada ou controlada, e representa a esperança de que o ser humano reencontre sua verdadeira natureza livre e compassiva.

Capítulo 19
A ORDEM na Ciência

Na ampla paisagem do conhecimento científico, a ORDEM estendeu suas garras ocultas, moldando a direção das descobertas e influenciando a perspectiva da humanidade sobre o mundo que a cerca. A ciência, originalmente uma busca pela verdade objetiva, agora é frequentemente direcionada para servir aos interesses da ORDEM.

Uma das ferramentas mais poderosas da ORDEM para controlar a ciência é a seleção criteriosa de financiamento para pesquisas. Universidades, laboratórios e instituições científicas dependem de fundos para conduzir estudos e experimentos, tornando-os vulneráveis à influência financeira.

A ORDEM utiliza esse poder financeiro para ditar quais áreas de pesquisa são priorizadas.

Estudos que questionam o status quo, exploram alternativas ou ameaçam desvendar verdades desconfortáveis muitas vezes enfrentam barreiras na obtenção de financiamento, enquanto pesquisas que corroboram a narrativa da ORDEM são favorecidas.

Por exemplo, pesquisas sobre novas formas de energia limpa e renovável que reduzam a dependência de combustíveis fósseis controlados pela ORDEM recebem migalhas de financiamento. Já estudos que promovem combustíveis sujos como solução energética são bancados generosamente.

Outro exemplo é a pesquisa em saúde. Remédios naturais comprovadamente eficazes, mas que não podem ser patenteados, têm pouco interesse para as grandes farmacêuticas da ORDEM. Por outro lado, novas drogas e exames caros que geram lucro mais que dobrado são super incentivados.

Além de influenciar a direção da pesquisa, a ORDEM exerce controle sobre a divulgação do conhecimento científico. A censura de informações ocorre de várias formas, desde pressões sobre revistas científicas até a manipulação de órgãos reguladores.

Resultados de pesquisas que poderiam ameaçar os interesses da ORDEM são frequentemente suprimidos ou distorcidos antes de chegarem ao público. Um exemplo notório foi o caso da indústria do tabaco nas décadas de 1950 e 1960. Estudos mostrando os malefícios do fumo foram sistematicamente ocultados com lobby junto aos periódicos médicos.

Outro caso famoso de deturpação da ciência envolveu a indústria do açúcar nas décadas de 1960 e 1970. Pesquisas que revelavam os efeitos nocivos do consumo excessivo de açúcar foram desacreditadas por fabricantes em conluio com cientistas financiados pela indústria.

Atualmente, são inúmeros os casos de censura e distorção científica patrocinados pela ORDEM. Cientistas que desafiam o status quo, muitas vezes enfrentam consequências adversas em suas carreiras, são forçados a se conformar ou a se retirar do campo científico.

As fundações filantrópicas, frequentemente ligadas à ORDEM, desempenham um papel crucial na manipulação da ciência. Elas financiam instituições de pesquisa, universidades e projetos científicos específicos que estão alinhados com os interesses da ORDEM.

Essas instituições, ao dependerem do financiamento das fundações filantrópicas, muitas vezes se encontram reféns dos doadores, criando uma dinâmica na qual a pesquisa que poderia ameaçar os interesses da ORDEM é evitada. Assim, a ORDEM molda a ciência não apenas por meio do financiamento direto, mas também pela ameaça de retirar esse financiamento se os resultados não atenderem sua agenda.

Um exemplo disso é o financiamento de pesquisas sobre o aquecimento global por fundações ligadas a grandes conglomerados de combustíveis fósseis. Os resultados são enviesados e minimizam o papel da ação humana no problema, mesmo diante de evidências claras. Tudo para evitar regulamentações que afetariam os lucros de seus doadores.

Outro caso emblemático é o da fundação ligada a uma grande empresa de telecomunicações que financia generosamente departamentos universitários que estudam os efeitos da radioatividade em seres humanos. As pesquisas invariavelmente atestam a inocuidade das ondas eletromagnéticas, apesar de indícios crescentes sobre os riscos à saúde.

Na medicina, a influência nefasta da ORDEM faz com que remédios milagrosos sejam ridicularizados e proibidos apenas porque não podem ser patenteados, enquanto medicamentos tóxicos são amplamente receitados porque garantem lucros astronômicos.

Um exemplo impressionante desse tipo de deturpação foi a proibição da maconha para fins medicinais durante décadas. Ao mesmo tempo, opioides altamente viciante foram receitados indiscriminadamente, levando a uma epidemia de overdoses. A diferença é que os opioides geram milhões à indústria farmacêutica, enquanto a maconha não poderia ser patenteada por ser uma planta.

Na psiquiatria e psicologia, campos inteiros de pesquisa sobre estados não-ordinários de consciência e o poder da mente foram suprimidos porque representavam uma ameaça ao controle da ORDEM sobre o pensamento humano. Apenas drogas que induzem estados alterados artificiais são permitidas.

Isso porque esses estados expandidos de consciência, quando induzidos por meios naturais como meditação, representam um despertar do indivíduo para níveis mais profundos de percepção e entendimento que poderiam abalar as estruturas mentais criadas pela ORDEM para controlar a população.

Na física, descobertas que desafiariam as suposições materialistas da ORDEM sobre a natureza da realidade são ridicularizadas pela comunidade científica e pelos meios de comunicação para desencorajar outros pesquisadores a se aventurarem por temas tabu. Todo um universo de fenômenos é deliberadamente desprezado e obscurecido.

Um exemplo são as pesquisas envolvendo fenômenos psíquicos e parapsicológicos. Ao longo do século XX, diversos cientistas sérios conduziram experimentos rigorosos documentando a existência de habilidades telecinéticas, clarividência e outros poderes mentais. Porém, essas descobertas foram sistematicamente atacadas e desacreditadas pela ciência convencional apoiada pela ORDEM por desafiarem o paradigma materialista.

Na nutrição, o conhecimento sobre a relação entre dieta, saúde mental e espiritualidade é suprimido, enquanto pesquisas enviesadas empurram dietas artificiais que geram ganhos para a indústria de alimentos processados, mas adoecem a população.

A compreensão de que existe uma relação profunda entre nossa nutrição e estados elevados de consciência ameaça o controle da ORDEM, que prefere uma população entorpecida por alimentos tóxicos e pouco consciente de suas capacidades mentais e espirituais.

Até mesmo na história, arqueologia e paleontologia, as narrativas financiadas pela ORDEM obscurecem ou deturpam registros que contradigam os dogmas aceitos sobre a nossa origem e identidade. Verdades inconvenientes ao sistema são ocultadas da população.

Por exemplo, descobertas arqueológicas de civilizações tecnologicamente avançadas pré-datando as convencionalmente aceitas são sistematicamente desacreditadas por acadêmicos condicionados pela doutrina oficial financiada pela ORDEM. Tudo para preservar o dogma de que apenas as civilizações europeias foram capazes de progresso científico antes da era moderna.

Portanto, em todos os ramos do conhecimento a ciência deixou de ser uma busca desinteressada pela verdade para se tornar mais um instrumento de controle nas mãos da ORDEM. Seus frutos passaram a ser orientados principalmente para expansão do poder e da riqueza de alguns poucos.

Contudo, felizmente o espírito científico não pôde ser completamente aniquilado. A sede pela verdade ainda move mentes corajosas dentro da própria academia a desafiar o pensamento hegemônico em suas áreas, mesmo sob o risco de marginalização e hostilidade dos pares condicionados.

E a ciência de fato avança, ainda que a passos lentos e trôpegos, empurrada mais pelas contradições internas do próprio sistema científico corrompido do que propriamente por sua sanidade e amor desinteressado pela busca do conhecimento.

Entretanto, o futuro da ciência como uma força positiva dependerá da capacidade da sociedade como um todo de romper a camisa de força imposta pela ORDEM. Enquanto o financiamento e as instituições permanecerem sob seu jugo, o conhecimento continuará sendo distorcido. Somente com a dissolução do poder da ORDEM a busca científica poderá se libertar para beneficiar toda a humanidade.

E essa libertação virá pelo despertar de um número crescente de cientistas que colocarão a ética acima de seus interesses pessoais e também pelo engajamento da sociedade como um todo na defesa de uma ciência independente, financiada de forma transparente e orientada para o bem comum, não para o acúmulo de poder e riqueza por uma elite global.

Diretrizes éticas que restringem avenidas de pesquisa consideradas promissoras do ponto de vista do controle social, como manipulação genética e neurotecnologias, são gradualmente relaxadas pela ORDEM por meio de lobby sobre governos e fomento de visões materialistas na academia.

Doutorandos e pós-graduandos que se atrevem a questionar os paradigmas de suas áreas apoiados pela ORDEM são reprimidos por seus orientadores, que temem a suspensão de bolsas e verbas caso seus pupilos desafiem o saber convencional validado pelo sistema.

Patentes de equipamentos, medicamentos e descobertas promissoras realizadas com recursos públicos são apropriadas por corporações privadas ligadas à ORDEM em conluio com agências governamentais. O lucro bilionário com esses inventos nunca retorna para a população que os custeou.

Pesquisas sérias que comprovam a realidade de fenômenos paranormais como telepatia, vidência e cura à distância são proibidas de serem publicadas em periódicos científicos controlados pela ORDEM. Os estudos permanecem engavetados por contrariarem o ceticismo materialista imposto.

Acadêmicos que ousam questionar o uso de agrotóxicos, os efeitos da poluição ambiental e os riscos de certas tecnologias têm suas reputações destruídas por agentes a serviço da ORDEM, que espalham rumores na comunidade científica, levando essas vozes dissidentes ao descrédito ou silenciamento.

Capítulo 20
A ORDEM na Tecnologia

No cenário atual, a tecnologia é uma força dominante que molda a sociedade em todos os aspectos. A ORDEM compreendeu isso e, ao longo dos anos, direcionou os avanços tecnológicos de maneira calculada para atender aos seus interesses, controle e o lucro são as palavras-chave que orientam sua influência sobre a inovação tecnológica.

A ORDEM percebeu que a tecnologia poderia ser uma ferramenta poderosa para aumentar o domínio sobre as massas. Portanto, ela investe pesadamente em empresas de tecnologia e startups promissoras, garantindo que essas empresas sigam agendas alinhadas aos seus objetivos.

Um dos aspectos mais visíveis dessa influência é a ênfase no desenvolvimento de produtos e serviços que promovem o consumismo e o individualismo. Em vez de tecnologia que promova a comunidade e a colaboração, vemos gadgets e aplicativos que nos mantêm isolados em nossas próprias bolhas, consumindo incessantemente.

Um exemplo claro é o desenvolvimento dirigido de redes sociais. Em vez de conectar genuinamente as pessoas, o algoritmo favorece a formação de grupos baseados em afinidades estreitas, reforçando visões preexistentes ao invés de expandir horizontes. Isso fragmenta os usuários e os torna mais suscetíveis à manipulação.

Outro caso emblemático é o dos smartphones, criados justamente para serem viciantes. Gatilhos como notificações frequentes e rolagem infinita foram cuidadosamente projetados por engenheiros a serviço da ORDEM para hackear o cérebro dos usuários, prender sua atenção e torná-los consumidores passivos.

A ORDEM também trabalha para minar a privacidade das pessoas, utilizando tecnologia de vigilância e coleta de dados em massa. Ela patrocina leis e regulamentações que permitem a coleta indiscriminada de informações pessoais, muitas vezes sem o consentimento dos cidadãos.

Um exemplo disso é o lobby intenso de big techs para impedir maior regulamentação sobre como dados pessoais são coletados e utilizados. Os algoritmos dessas empresas literalmente espionam cada passo dos usuários a fim de direcionar anúncios e influenciar comportamentos.

Além disso, a ORDEM tem um interesse particular em controlar a disseminação de informações e o acesso à internet. Ela financia empresas de mídia social e motores de busca, influenciando algoritmos para direcionar o que vemos e lemos online. Isso cria uma bolha de informação que nos mantém desinformados e manipulados.

No caso dos buscadores, ficou evidente que os resultados apresentados favorecem sites corporativos, enquanto fontes alternativas são enterradas nas páginas seguintes. Essa filtragem enviesada molda a compreensão dos usuários sobre qualquer assunto conforme os interesses da ORDEM.

A tecnologia também é usada para perpetuar a desigualdade econômica. A ORDEM controla as patentes e as inovações que poderiam melhorar a qualidade de vida de todos, mantendo-as fora do alcance do público. Em vez disso, essas inovações são usadas para lucrar.

Um caso famoso foi o da tecnologia de lâmpadas que permitia vida útil de até 150 anos. Ela foi comprada e arquivada por uma empresa controlada pela ORDEM, para não prejudicar as vendas de lâmpadas com vida útil de apenas 1000 horas. Isso se repete em inúmeros campos.

Outro aspecto crucial é a manipulação da inteligência artificial (IA). A ORDEM direciona o desenvolvimento da IA para seus próprios fins, criando algoritmos que perpetuam preconceitos e desigualdades sociais. Isso torna a tecnologia um veículo para a manutenção do status quo.

Enquanto a IA poderia revolucionar áreas como educação e saúde pública, ela tem sido majoritariamente empregada em software de vigilância, publicidade invasiva e automação que concentra renda. É o oposto de seu imenso potencial emancipador.

A ORDEM também influencia a educação tecnológica, moldando currículos e promovendo uma visão limitada da tecnologia como ferramenta de mercado, não como uma ferramenta de libertação. As escolas e universidades são financiadas para produzir indivíduos que se encaixem perfeitamente nas engrenagens do sistema, sem questionar a natureza da tecnologia que estão criando.

Disciplinas éticas e estudos sobre os impactos sociais da tecnologia são praticamente inexistentes na grade curricular patrocinada pela ORDEM. A ênfase é apenas no treinamento técnico específico para atender demandas corporativas.

A corrida incessante pela inovação e pelo lucro muitas vezes leva à negligência das implicações éticas e sociais da tecnologia. A ORDEM encoraja essa mentalidade, afastando a atenção das preocupações sobre o impacto da tecnologia na sociedade e no meio ambiente.

Mesmo com evidências claras sobre o papel das redes sociais em depressão, ansiedade e polarização política, as big techs financiadas pela ORDEM resistem a qualquer discussão sobre regulação ou moderação ética de conteúdo, colocando lucros acima de tudo.

A tecnologia deveria ser uma força emancipadora, capacitando as pessoas a tomarem o controle de suas vidas e comunidades. No entanto, a ORDEM a transformou em uma ferramenta de controle e exploração.

Para verdadeiramente empoderar as pessoas e alcançar um futuro mais justo e igualitário, é essencial que a sociedade se conscientize do papel da ORDEM na tecnologia e comece a exigir uma abordagem mais ética e humanitária para a inovação tecnológica. Somente assim podemos usar a tecnologia como uma ferramenta para a libertação, não como uma corrente de escravidão.

A ORDEM financia e apoia o desenvolvimento da internet das coisas, onde todos os objetos estão conectados e fornecendo dados, para eliminar qualquer resquício de privacidade. A vigilância onipresente é necessária para seu plano de controle social total.

Na engenharia genética, pesquisas para acelerar a modificação de genes humanos e desenvolver novos organismos sintéticos são estimuladas pela ORDEM sem cuidados éticos, com objetivo de criar formas de vida customizadas que sirvam a seus interesses.

Blockchains que permitiriam rastreabilidade e voto digital seguro são combatidas pela ORDEM, que prefere sistemas centralizados vulneráveis à manipulação. A falta de transparência e a opacidade na gestão de dados são essenciais para a manutenção de seu domínio.

Regulamentações que limitem o tempo de uso e o vício em redes sociais, jogos online e aplicativos são barradas pela ORDEM usando lobby em agências governamentais. Manter os usuários compulsoriamente plugados é crucial para seu modelo de negócios e controle mental.

Legislações que garantam portabilidade total de dados pessoais entre plataformas e permitam aos usuários excluir permanentemente suas informações dos bancos de dados das big techs são derrubadas pela influência da ORDEM, interessada em perpetuar o monopolismo e a vigilância ampliada.

A tecnologia é um campo em constante evolução, e é urgente que a sociedade se organize para desafiar a influência da ORDEM sobre ela. Somente por meio de um esforço coletivo e uma conscientização crescente podemos mudar o rumo da tecnologia em direção a um futuro mais justo e equitativo.

Isso envolve desde pressão popular por regulação e quebra de monopólios, até o surgimento de alternativas tecnológicas open source criadas de forma colaborativa e com foco no bem comum, não no lucro e controle social. Quanto mais cedo essas soluções alternativas ganharem tração, mais rápido poderemos nos libertar do jugo tecnológico da ORDEM.

Portanto, é crucial que todos nós nos tornemos mais críticos em relação à tecnologia que consumimos e apoiamos. Devemos buscar alternativas e promover uma abordagem que coloque o bem-estar das pessoas e do planeta acima do lucro e do controle. Somente então poderemos alcançar o verdadeiro potencial da tecnologia como uma ferramenta de emancipação e progresso.

Capítulo 21
A Lavagem Cerebral

A influência da ORDEM sobre a cultura e a educação permite a realização de uma espécie de "lavagem cerebral" nas massas. As técnicas são sutis, porém altamente eficazes. A começar pela mídia, que bombardeia constantemente as pessoas com mensagens e imagens projetadas, não para informar, mas para moldar comportamentos e mentalidades.

A publicidade, especialmente, tem um efeito cumulativo na mente dos telespectadores e leitores. Pessoas são incentivadas a desejar produtos das mais diversas naturezas, e a associar a aquisição desses produtos ao sucesso, felicidade e aceitação social. Logo, o consumismo se torna um fim em si, não mais um meio para a obtenção de algo necessário ou útil.

As propagandas associam frequentemente a compra de um automóvel a poder e virilidade, o uso de um perfume a admiração e romance, o sabor de um refrigerante a felicidade e diversão. Todas essas associações são calculadamente projetadas por profissionais contratados pela ORDEM para moldar o inconsciente coletivo.

Além dos anúncios tradicionais, a ORDEM também paga fortunas para inserir seus produtos no conteúdo de filmes e séries. As marcas aparecem de forma absolutamente desnecessária à trama, mas geram identificação e desejo nos telespectadores de forma sutil e subconsciente. É publicidade camuflada dentro do entretenimento.

Outra técnica de lavagem cerebral são as chamadas matérias pagas em jornais e revistas. Elas têm a aparência de conteúdo editorial, mas, na verdade, são anúncios bancados por empresas da ORDEM interessadas em promover uma visão favorável de suas marcas e produtos.

Um exemplo são as constantes matérias enaltecendo as maravilhas do leite de vaca, financiadas pela indústria de laticínios. Elas ignoram totalmente os danos ambientais causados por esse setor. O mesmo ocorre com matérias patrocinadas pela indústria automobilística, farmacêutica, entre outras.

Além da mídia de massa, a internet e as redes sociais também são espaços férteis para a disseminação de propaganda velada. Os algoritmos são projetados para mostrar aos usuários mais do que eles já consomem e acreditam, criando uma bolha de reforço de visões pré-existentes.

Por meio da coleta massiva de dados pessoais, a publicidade online pode ser hiperdirecionada, explorando as vulnerabilidades, desejos e hábitos de cada pessoa para vender mais produtos, serviços e visões de mundo. As big techs da ORDEM lucram bilhões com essa manipulação.

A escola, por sua vez, desde os primeiros anos de vida, ensina às crianças e jovens o conformismo, a aceitação acrítica de supostas verdades. O espírito crítico e o questionamento são desestimulados. A padronização do conhecimento por meio de currículos pré-definidos reforça esse fenômeno.

As novas gerações são treinadas para se encaixar na engrenagem da sociedade sem fazer perguntas. Até mesmo a estrutura física das salas de aula, com os alunos enfileirados olhando para frente, é projetada para o aprendizado passivo.

Outro elemento de controle é a divisão do conhecimento em disciplinas estanques. Matemática, física, história e geografia são apresentadas como áreas desconexas, desestimulando uma visão integrada e uma compreensão mais profunda das dinâmicas sociais e dos fenômenos naturais.

As artes e as humanidades cedem cada vez mais espaço para as ciências exatas, criando mentes hiper-racionalizadas, porém, frequentemente, falta de visão mais ampla, capacidade de pensamento crítico e criatividade. É a fórmula perfeita para a lavagem cerebral padronizada.

A lavagem cerebral também ocorre pelo viés ideológico do material didático selecionado pela ORDEM. A literatura é escolhida a dedo para reforçar valores como individualismo e consumismo. Interpretações enviesadas da história e das ciências criam uma visão deturpada do mundo e da sociedade.

Portanto, por meio do controle dos sistemas de informação, comunicação e educação, a ORDEM molda as mentes dos cidadãos desde muito jovens. Essa "lavagem cerebral" sutil gera adultos facilmente controláveis, que se encaixam sem questionar no sistema criado para beneficiar aqueles que o comandam. É um ciclo que perpetua o status quo.

Para moldar mentes desde a juventude, a ORDEM financia séries e desenhos animados infantis com histórias e personagens que celebram o individualismo e o consumismo, enquanto desencorajam a solidariedade e a consciência ambiental, criando adultos narcisistas e hedonistas.

Redes sociais, aplicativos de paquera e videogames são deliberadamente desenvolvidos pela ORDEM para viciar os usuários em dopaminas e endorfinas. O objetivo é tornar as pessoas dependentes dessas plataformas, permitindo moldar comportamentos sem resistência.

Pelas brechas legais nos regulamentos de publicidade, a ORDEM financia anúncios infantis altamente viciantes que estimulam o consumismo desenfreado e o endeusamento irresponsável desde tenra idade, gerando futuros clientes para seus bancos e empresas.

Fundos de pensão, previdência complementar e outros investimentos de longo prazo da população são manipulados pela ORDEM para priorizar aplicações em setores estratégicos que garantem o domínio do sistema sobre a sociedade. O cidadão trabalha para manter seu próprio controle.

Centenas de pesquisas enviesadas são financiadas pela ORDEM para embasar discursos como meritocracia, culpabilização da vítima e superação individual como forma de manter as massas conformadas com a desigualdade extrema que o próprio sistema cria e perpetua em benefício das elites.

Contudo, é importante reconhecer que há frestas nesse sistema de controle mental. Professores independentes tentam estimular o senso crítico dos alunos. Materiais alternativos circulam na internet, abrindo novas perspectivas. A curiosidade inata do ser humano constantemente sabota, mesmo que de forma inconsciente, a tentativa da ORDEM de encapsular suas mentes.

E quanto mais arbitrário e insustentável se torna o sistema de desigualdade e manipulação criado pela ORDEM, mais pessoas intuirão que há algo errado com essa estrutura, mesmo tendo passado por todo o processo de lavagem cerebral. Esse despertar interno é imprevisível e inevitável.

Portanto, por mais refinados e onipresentes que sejam os métodos de controle mental da ORDEM, sempre haverá brechas e falhas em seu funcionamento. A liberdade sempre encontra uma forma de florescer nas frestas. E quando essas brechas se multiplicarem, todo o sistema ruirá, libertando de vez as mentes cativas. A esperança reside nessa certeza.

Capítulo 22
O Poder Invisível

Enquanto a ORDEM molda a cultura e a mentalidade da população, eles também movimentam os bastidores do poder político e econômico. Seus tentáculos estão espalhados por corporações, governos, organizações não governamentais e fundações. É uma teia complexa de influência que sustenta o sistema, sempre protegendo os interesses dessas elites que operam nas sombras.

Nas grandes corporações, os Organizadores atuam colocando executivos de sua confiança em posições-chave, garantindo que essas empresas atendam a seus objetivos. Eles também possuem participação acionária significativa na maioria das grandes corporações de mídia, tecnologia, alimentos, petróleo e medicamentos. Isso garante poder de decisão e controle da narrativa.

Um exemplo claro é o conselho de administração da Monsanto, empresa de agrotóxicos e sementes transgênicas. Diversos executivos e ex-políticos a serviço da ORDEM ocupam cadeiras estratégicas nesse conselho, determinando a direção dos negócios e o uso de lobby para influenciar políticas públicas em prol dos pesticidas amplamente banidos na Europa.

Outro caso emblemático é o da empresa Blackwater, contratada para serviços militares e de inteligência. Seu conselho é composto majoritariamente por ex-membros da CIA, FBI e dirigentes de grandes corporações de armas. Decisões que vão da escolha de alvos militares à compra de armamentos são controladas diretamente pela ORDEM.

Na política, os Organizadores agem financiando as campanhas de seus candidatos prediletos e utilizando o lobby para influenciar decisões cruciais que afetam seus negócios. Nos bastidores, eles controlam a escolha de candidatos e a posição em questões fundamentais. São os verdadeiros articuladores do jogo político mundial. A escolha destes candidatos é análoga a financiar os dois lados de uma guerra onde a ORDEM sempre estará ao lado do vencedor, no caso da política, candidatos previamente escolhidos e financiados pela ORDEM, transmitem a falsa impressão de democracia, mas qualquer opção apresentada aos eleitores é controlada, direta ou indiretamente pela ORDEM. Uma demonstração clara está no fato de que candidatos a qualquer cargo público gastam mais dinheiro em campanha do que receberão de proventos pelo cargo ocupado, e isso está à vista de todos.

O lobby não se restringe a grupos de pressão política. As grandes corporações da ORDEM também pagam generosas concessões financeiras, que beiram a compra direta de voto de parlamentares. Essas "doações" são, na verdade, investimentos com alta rentabilidade quando se observa seus efeitos em políticas favoráveis a esses conglomerados.

As ONGs, financiadas pela ORDEM, servem para influenciar a opinião pública e promover agendas específicas por trás de uma fachada de preocupação social. Elas moldam os valores da população conforme os interesses da ORDEM.

Greenpeace e outras ONGs ambientalistas são financiadas pela ORDEM não por genuína preocupação ecológica, mas para desestabilizar regimes adversos ao redor do mundo, sob a justificativa de proteção ambiental. A Shell, uma das maiores poluidoras do planeta, é uma das principais doadoras do Greenpeace.

As fundações filantrópicas, por sua vez, são veículos para projetar uma imagem de benemerência, quando, na verdade, servem para isentar a ORDEM de impostos e para financiar iniciativas que fortalecem seu poder. Tudo é meticulosamente planejado.

A Fundação Bill e Melinda Gates é o melhor exemplo atual de filantropia falsa. Sob a retórica de doações para saúde e educação nos países em desenvolvimento, o que ocorre na prática é a disseminação da infraestrutura de vigilância, controle biológico e tecnológico da ORDEM nessas nações.

Assim, em todas as frentes, o poder invisível da ORDEM sustenta o sistema. Sem que a população perceba, seus interesses estão sendo promovidos em detrimento do verdadeiro bem comum. É uma conspiração que dura séculos e se adapta constantemente para manter o controle.

A ORDEM mantém assessores ocultos infiltrados nos principais governos mundiais. São eminências pardas que transitam nos bastidores do poder, cochichando diretivas aos líderes eleitos, que se tornam meros fantoches conduzidos pelos fios movidos pela ORDEM nos subterrâneos do sistema.

Por meio de "fundações independentes", a ORDEM injeta milhões em ONGs ativistas escolhidas a dedo para promover agendas específicas disfarçadas de causas humanitárias. Protestos são orquestrados de forma encenada para obter concessões políticas e mudanças legislativas que interessam à elite dominante.

Ao financiar simultaneamente ambos os lados de um conflito armado, a ORDEM se garante como a única vencedora quando a guerra termina. Seja nas Bolsas especulando com commodities ou vendendo armas e dívidas para reconstrução, os lucros da miséria humana são colossais.

Influenciadores digitais são apresentados ao público como vozes orgânicas e independentes quando, na verdade, seguem meticulosas diretrizes nos menores detalhes, produzidas por equipes da ORDEM para moldar valores e comportamentos em massa de forma encoberta.

A ORDEM também recruta hackers, desenvolvedores e engenheiros brilhantes ainda na universidade por meio de estagiários bem remunerados em suas empresas de tecnologia. Futuras lideranças tecnológicas são cooptadas antes que criem soluções capazes de ameaçar o status quo.

Contudo, nem tudo está perdido. Em todas essas instituições ainda existem indivíduos com ética e valores humanistas que, de alguma forma, conseguem minimizar o dano causado pela ORDEM. Essas ilhas de integridade são fundamentais para manter viva a esperança.

Além disso, é crescente o número de pessoas que, desde suas funções dentro do próprio sistema, trabalham para expor as injustiças e ilegalidades cometidas pela ORDEM. Seja vazando documentos, denunciando publicamente suas ações ou simplesmente se recusando a cumprir ordens imorais.

O efeito cumulativo de cada uma dessas ações corajosas é lento, porém real. Elas abrem fendas no muro aparentemente intransponível erguido pela ORDEM. E essas fendas poderão se transformar em brechas por onde a luz da verdade adentrará de vez, dissipando as trevas do poder nas sombras.

Capítulo 23
O Grande Engodo

Ao longo do tempo, A ORDEM foi aprimorando suas técnicas de manipulação da população a níveis impressionantes. Uma de suas maiores realizações foi a criação da sensação de democracia participativa em muitos países, quando na realidade o poder permanece concentrado em suas mãos.

Por trás das cortinas, a ORDEM controla quem serão os candidatos nas eleições e quais posições eles defenderão nos temas mais importantes. O debate político é moldado para dar a impressão de polarização e opções diversas, quando, na verdade, há mais convergência do que divergência entre os candidatos nos tópicos essenciais.

Isso ocorre porque a escolha dos candidatos a cargos eletivos passa pelo crivo da ORDEM já nas prévias e convenções partidárias. Por meio de suborno, cooptação e extorsão, a ORDEM garante que sejam escolhidos para concorrer apenas aqueles políticos já comprometidos com a perpetuação do status quo, mesmo que façam pequenas concessões circunstanciais à população.

Assim, observa-se um fenômeno onde candidatos supostamente antagônicos, de partidos rivais, apoiam as mesmas políticas econômicas neoliberais, a manutenção dos combustíveis fósseis e do complexo industrial militar, a desregulamentação financeira, os paraísos fiscais, a terceirização irrestrita. As diferenças que exibem publicamente são meramente superficiais.

A mídia de massa, controlada pela ORDEM, também molda a opinião pública sobre os candidatos. Enquetes e pesquisas são manipuladas para influenciar o resultado.

Para dar um exemplo, um grupo vigilante de indivíduos questionadores começou a expor a fragilidade desse sistema. Eles questionam como é possível que as opiniões de menos de 1% da população, consultadas por esses organismos de pesquisa, possam realmente refletir a vontade dos 99% restantes. É como se alguém tentasse entender a vastidão de um oceano observando uma gota d'água.

As suspeitas se multiplicam à medida que esses questionadores analisam as nuances das amostras de pesquisa e os métodos utilizados. Eles argumentam que, em um país com dezenas de milhões de eleitores, a escolha de uma amostra tão pequena parece, no mínimo, suspeita. Acreditam que as verdadeiras intenções por trás dessas pesquisas podem estar relacionadas não à busca da verdade, mas à manipulação das massas, obscurecendo as vozes da maioria silenciosa em favor de uma minoria selecionada.

À medida que as teorias da conspiração e a desconfiança em relação às instituições crescem, a batalha pela transparência nas pesquisas eleitorais se torna um capítulo crucial na luta pelo livre pensamento e pela verdade. Os questionadores persistem, determinados a desvendar os segredos que envolvem as pesquisas e a revelar o que realmente está por trás dessas estratégias de influência da opinião pública.

Durante o horário eleitoral gratuito no rádio e TV, observa-se claramente a parcialidade das grandes emissoras, seja no tempo dedicado a cada candidato ou na seleção das falas para exibição. Debates televisionados são editados para favorecer o postulante da preferência da ORDEM.

Nos bastidores, são aplicadas pressões sobre o judiciário e outros poderes quando algum político foge ao controle da ORDEM e ameaça conquistar o poder com ideias reformistas. Processos judiciais seletivos, vazamentos de informações sobre a vida pessoal e pressões sobre o legislativo para impeachments são algumas das armas utilizadas quando necessário.

O financiamento empresarial de campanhas e o lobby também são formas de garantir que os eleitos estejam comprometidos em manter o status quo. Uma vez eleitos, por mais bem intencionados que alguns políticos possam ser, eles se veem constrangidos a atender aos interesses da ORDEM sob o risco de ver suas carreiras políticas destruídas.

Ao mesmo tempo, controla os bastidores do processo político, a ORDEM também age para desestimular a participação popular. O sistema educacional deficiente cria cidadãos sem conhecimento crítico e desinteressados pela política. O indivíduo é levado a acreditar que seu papel se esgota no voto, quando, na verdade, trole do poder exige vigilância e mobilização permanentes.

Assim, a democracia se torna uma espécie de teatro político, onde o povo acredita estar escolhendo seus dirigentes quando, na verdade, tudo já foi meticulosamente planejado nos bastidores pela ORDEM. É uma ilusão de escolha que garante a estabilidade do sistema. Manter essa ilusão é uma das prioridades da ORDEM.

A ORDEM determina previamente qual será a narrativa política dominante antes das eleições, alinhando todos os seus veículos de mídia para defender um mesmo candidato e atacar seus adversários. O consenso forjado cria a ilusão de uma escolha óbvia e natural para o eleitor desatento.

Acordos nos bastidores entre a ORDEM e partidos supostamente antagônicos determinam de antemão qual lado vencerá a disputa eleitoral. Apenas uma simulação de campanha é realizada para manter as aparências democráticas, mas o resultado já está decidido nas sombras muito antes.

Fraudes eleitorais em larga escala são articuladas pela ORDEM através do controle das empresas que administram as urnas e sistemas de apuração. Algoritmos enviesados são inseridos e dados manipulados para garantir a vitória daqueles que atenderão aos interesses do sistema.

Leis que permitiriam transparência total do processo eleitoral, como voto impresso, conferência pública da apuração e auditagem dos softwares, são barradas pela influência da ORDEM sobre parlamentares e partidos políticos e a própria justiça eleitoral, interessada em manter o obscurantismo.

Apenas candidatos verdadeiramente independentes, financiados por uma rede de cidadãos conscientes, poderiam desafiar o controle da ORDEM sobre o processo eleitoral e conquistar o poder com um projeto de reformas que atenda aos interesses da população. Por isso, a ORDEM trata de sufocar essas candidaturas populares antes que ganhem tração.

Contudo, felizmente um número crescente de cidadãos está percebendo os meandros desse teatro político armado pela ORDEM. Manifestações de rua contra o sistema, a criação de novos partidos e movimentos políticos autônomos, a difusão de informações independentes pelas redes, todos sinalizam que o engodo começa a ser desmascarado.

E quanto mais pessoas despertarem para o fato de que a democracia representativa atual é, na verdade, uma cuidadosa ilusão fabricada pela ORDEM, maior será a pressão por reformas profundas no sistema político. A aprovação de leis como a fidelidade partidária e o financiamento público exclusivo de campanhas são alguns passos nessa direção.

Romper o monopólio do poder requer ações coordenadas da sociedade civil organizada para expor a farsa, educar a população e apresentar soluções concretas de empoderamento dos cidadãos. A luta é desigual, porém, historicamente, quando uma mentalidade coletiva muda, nenhuma força pode detê-la. E sinais crescentes apontam que a era do despertar pode estar próxima.

Capítulo 24
A Ditadura Jurídica

Em sua busca incessante por controle absoluto, a ORDEM estende seus tentáculos ao Poder Judiciário, moldando-o de maneira a servir a seus interesses. Por trás das cortinas da justiça, uma trama sinistra se desenrola, minando a verdadeira democracia e restringindo a liberdade de um modo insidioso.

Em países que ostentam a bandeira da democracia, é fácil para o cidadão comum acreditar que vive em um sistema livre, onde a justiça prevalece. No entanto, a realidade é muito mais complexa e sombria. A ORDEM, usando suas conexões e influência, trabalha diligentemente para criar leis que parecem beneficiar a sociedade, mas que, na verdade, consolidam seu controle.

Leis são criadas sob o pretexto de garantir a segurança nacional ou proteger a economia, mas, no fundo, servem para sufocar a dissidência e restringir a liberdade de expressão. Elas permitem que o governo, sob o controle invisível da ORDEM, aja com impunidade, espionando cidadãos e sufocando qualquer forma de oposição.

O controle da ORDEM sobre o Poder Judiciário não se limita à criação de leis manipuladas. Juízes são selecionados com base em critérios que garantem sua lealdade aos interesses da ORDEM. A independência do judiciário se torna uma fachada, pois a verdadeira justiça é substituída por decisões que servem aos objetivos obscuros da organização.

Quando um político ou líder emerge com ideias verdadeiramente reformistas, ameaçando o equilíbrio de poder mantido pela ORDEM, a máquina jurídica é acionada. Processos judiciais são iniciados, muitas vezes com acusações duvidosas e provas manipuladas, visando a desacreditar e desestabilizar aqueles que desafiam o status quo.

Nos bastidores, os juízes recebem pressões sutis e ameaças veladas para garantir que sigam a linha estabelecida pela ORDEM. Decisões judiciais são moldadas conforme os interesses ocultos, enquanto a ilusão de um judiciário imparcial e independente é mantida.

Em nome da justiça e da segurança, tribunais secretos são estabelecidos. Acusações são mantidas em sigilo, réus não têm acesso adequado a advogados ou a um julgamento justo. É uma sombra sinistra da justiça que funciona longe dos olhos do público, onde direitos civis são sacrificados em nome do suposto bem maior.

Para os cidadãos que fogem de ditaduras militares e sistemas não democráticos em busca de refúgio em supostas democracias, a realidade muitas vezes é uma decepção. Eles encontram uma democracia de fachada, onde as instituições que deveriam proteger seus direitos são, na verdade, cúmplices da opressão.

Muitas pessoas que fogem de seus países para escapar de ditaduras militares acabam caindo na armadilha da chamada ditadura democrática e jurídica. É como pular da frigideira e cair no fogo. Esse sistema cria um paradoxo, onde as leis, que deveriam proteger, muitas vezes são usadas como ferramentas de opressão, disfarçadas de democracia. Assim, a promessa de liberdade se transforma em um ciclo interminável de repressão, perpetuando o controle da ORDEM.

É uma triste ironia que muitos busquem refúgio em terras supostamente livres, apenas para descobrir que estão presos em uma teia de controle invisível. A ditadura jurídica, disfarçada de justiça, prova ser tão eficaz quanto qualquer regime autoritário em sufocar a voz do povo e preservar os interesses da ORDEM.

Você poderia perguntar onde isso desemboca, e a resposta é bastante simples: nos domínios da ORDEM, pessoas com recursos para contratar bons advogados dificilmente veem o interior de uma cela de prisão. Um juiz, em qualquer país do mundo, conhece a legislação e as brechas que esta possui, mas frequentemente fecha os olhos quando essas brechas não são apontadas por bons advogados. Isso faz com que uma legião de desprivilegiados encha os cárceres, sustentando uma rede que vive indiretamente do crime — seguradoras, agentes de segurança públicos e privados, e programas de segurança cada vez mais caros. Trata-se de um mercado gigantesco que simplesmente deixaria de existir se, apenas, o criminoso não praticasse o crime. Quando se olha pelo prisma dos setores que vivem honestamente do resultado do crime, vale a máxima de que "à indústria bélica não interessa a paz e aos grandes laboratórios farmacêuticos, não interessa a cura de nenhuma doença".

Em países chamados democráticos, com PIBs trilionários, a maioria das pessoas que cumprem pena, estão presas por questões financeiras. São crimes motivados pela tentativa de proporcionar uma melhor condição de vida ao infrator e sua família — pessoas que assistem à televisão e veem o carro que nunca poderão ter, a casa onde nunca poderão morar e a viagem que nunca poderão fazer. Situação que poderia ser resolvida com uma distribuição mais justa de renda.

Em muitos países, a promessa de igualdade perante a lei é um princípio fundamental, na letra, mas não na prática. Casos como a aposentadoria antecipada para juízes que cometem crimes ou a imunidade parlamentar criam uma camada de proteção para uma elite que deveria ser responsabilizada. Além disso, leis que diferenciam militares de civis, como penas mais brandas para crimes cometidos por militares, revelam a influência da ORDEM em manter desigualdades dentro do sistema de justiça. Esses exemplos apenas reforçam a percepção de que a justiça é seletiva e moldada para atender a outros interesses.

Capítulo 25
A Grande Crise

Os analistas que dedicaram anos de pesquisa à ORDEM identificaram um momento crucial em sua trajetória, um momento de decisão que moldaria o futuro do mundo tal como o conhecemos. O sistema criado pela ORDEM estava gerando contradições e desigualdades alarmantes, ameaçando sair completamente de controle. Era um dilema que exigia ação imediata para evitar um colapso total.

As discussões entre os Organizadores da Ordem foram intensas e prolongadas. Alguns argumentavam a favor de uma redução gradual das desigualdades, uma tentativa de acalmar os ânimos da população sem abalar os pilares do sistema. Outros, porém, acreditavam que qualquer concessão comprometeria o poder inabalável da ORDEM.

Enquanto o impasse persistia, a insatisfação popular ganhava força. Protestos eclodiam em todo o mundo, dirigidos contra a globalização desenfreada imposta pela ORDEM, que beneficiava apenas as grandes corporações. Uma nova geração mais consciente emergia, questionando vigorosamente o status quo. Era imperativo agir rapidamente para conter essa onda de descontentamento antes que fosse tarde demais.

E então, em um momento inesperado, a Grande Crise financeira de 2008 eclodiu, sacudindo as estruturas econômicas globais. Bancos foram à falência, empresas encerraram suas atividades e milhões perderam suas economias de um dia para o outro. O pânico se alastrava rapidamente. A bolha especulativa, criada pelo próprio sistema financeiro global controlado pela ORDEM, havia estourado inevitavelmente.

Inicialmente, a ORDEM viu suas fortunas diminuírem, à medida que a crise se alastrava como um incêndio incontrolável. A situação parecia fora de controle. No entanto, com a passagem do tempo, a ORDEM percebeu naquela crise não apenas uma ameaça, mas uma oportunidade de ouro para consolidar definitivamente seu poder e eliminar os últimos vestígios de políticas sociais que ainda resistiam.

Primeiramente, em parceria com líderes políticos alinhados, a ORDEM elaborou pacotes de resgate bilionários destinados a salvar as instituições financeiras e grandes empresas, tudo isso financiado pelos contribuintes. Os bancos se recuperaram, enquanto a população afundava em dívidas, sendo submetida à política de austeridade para pagar a conta do salvamento.

Em seguida, utilizando sua influência midiática, a ORDEM bombardeou incessantemente a população com a ideia de que a culpa pela crise recaía sobre os próprios cidadãos, que, segundo a narrativa, "viviam acima de suas possibilidades", e sobre o Estado, acusado de conceder benefícios excessivos por meio de políticas sociais.

Com essa narrativa firmemente implantada, a ORDEM implementou programas massivos de austeridade, cortando gastos públicos e desmantelando o Estado de bem-estar social que havia sido construído ao longo de décadas. Embora a crise tivesse origem financeira, seu custo recaiu sobre os mais vulneráveis, enquanto a ORDEM emergia ainda mais rica e poderosa.

Simultaneamente, a ORDEM aproveitou a oportunidade para adquirir ativos a preços irrisórios em todos os setores, desde imóveis até empresas locais, passando por reservas naturais e infraestrutura. Tudo foi parar nas mãos da ORDEM por uma fração do valor real. A concentração de riqueza e poder alcançou níveis sem precedentes.

No campo político, a ORDEM financiou a ascensão de líderes alinhados com sua agenda neoliberal. Candidatos que propunham maior regulamentação do sistema financeiro ou políticas intervencionistas foram sabotados e retratados pela grande mídia controlada pela ORDEM como "populistas irresponsáveis".

As crises econômicas continuaram se sucedendo, sempre com os mesmos efeitos de transferir riqueza para a elite e impor sacrifícios e austeridade à população. Anos depois, quando a economia finalmente se estabilizou, ficou claro que nenhuma mudança estrutural no sistema financeiro global havia ocorrido. O poder da ORDEM saiu imensamente fortalecido.

A ORDEM havia convertido a Grande Crise em uma Grande Oportunidade para acumular riquezas e eliminar direitos sociais. Não havia tempo para comemorações; logo estavam traçando a próxima onda de caos gerenciado, desta vez com foco no endividamento dos governos locais para forçá-los a privatizar serviços públicos e ativos lucrativos a preços irrisórios. Novos pacotes de resgate seriam necessários em breve, segundo seus cálculos.

Assim, a cada nova crise, a ORDEM redesenhava a economia mundial de acordo com seus interesses. Em poucas décadas, acumulou um poderio econômico e político sem precedentes na história da humanidade. Hoje, a ORDEM está pronta para dar o passo final rumo ao controle total, com a implantação de uma moeda digital global sob seu comando.

Essa capacidade de converter crises em oportunidades é um dos trunfos mais valiosos da

ORDEM. Enquanto a população entra em pânico diante de uma crise, os estrategistas da ORDEM mantêm a cabeça fria, calculando como maximizar o potencial da situação para avançar sua agenda de controle global.

É nos momentos de medo e incerteza que regimes totalitários ascendem ao poder, aproveitando-se de uma população desesperada por segurança e estabilidade. A ORDEM compreende profundamente essa psicologia humana e a utiliza de forma implacável em seu favor.

A ORDEM articula deliberadamente crises cíclicas como ferramenta de concentração de riqueza e eliminação de direitos sociais conquistados pela população. Quanto maior o caos, mais poder emergencial os Organizadores adquirem para impor sua agenda.

Os pacotes de resgate bilionários criados durante as crises são, na realidade, estratagemas para transferir recursos públicos para o sistema financeiro global controlado pela ORDEM sob a justificativa de salvar economias. O grande saque aos cofres públicos é perpetrado sob a proteção da lei.

Políticos eleitos com propostas contrárias ao sistema são forçados a abandoná-las frente à crise manufaturada, convencidos de que medidas intervencionistas ou redistributivas piorariam o caos. Assim, a ORDEM impõe sua agenda mesmo após derrotas eleitorais.

As empresas transnacionais da ORDEM se beneficiam duplamente das crises, pois recebem isenções fiscais e subsídios do governo, alegando prejuízos, ao mesmo tempo, em que compram corporações nacionais falidas com descontos e depois remetem lucros maiores.

Capítulo 26
O Poder Financeiro

O sistema financeiro global é uma das principais alavancas de poder da ORDEM. Ao longo de décadas, ela consolidou seu controle sobre bancos centrais, grandes bancos comerciais e outras instituições cruciais que movem o fluxo do dinheiro.

Essa influência sobre as políticas monetárias globais permite que a ORDEM crie expansões e contrações da oferta de dinheiro de acordo com seus interesses. Taxas de juros e câmbio são manipuladas, enquanto políticos e economistas a serviço dos Organizadores justificam essas políticas apresentando-as como necessárias.

Em momentos de crise financeira, os Organizadores tratam de ser ressarcidos com o dinheiro dos contribuintes, sob a justificativa de que suas instituições são "grandes demais para falir". Assim, eles socializam os prejuízos, enquanto mantêm os lucros privados.

O controle do sistema financeiro global também possibilita à ORDEM cooptar lideranças políticas por meio do fenômeno das "portas giratórias": executivos de grandes bancos assumem cargos-chave em governos, e políticos se tornam executivos ou conselheiros na iniciativa privada depois que deixam os cargos públicos. Essa troca garantida de favores é essencial para a manutenção do poder da ORDEM.

Além disso, a ORDEM domina os mercados de títulos, ações e derivativos. Com supercomputadores e algoritmos sofisticados de alta frequência, ela manipula esses mercados minuto a minuto em benefício próprio. Bilhões em lucro são obtidos à custa de enormes prejuízos para pequenos investidores.

A ORDEM também possui paraísos fiscais e contas em países com leis de sigilo bancário. Assim, consegue esconder sua riqueza para não ser taxada e regulada da mesma forma que o restante da população. É um sistema financeiro paralelo e secreto que só beneficia a elite da ORDEM.

O controle do poder financeiro permite que a ORDEM obtenha não apenas riqueza extrema, mas influência sobre governos por todo o mundo. Sem autonomia sobre política fiscal e monetária, os governos ficam reféns dos mercados financeiros controlados pela ORDEM. Seus líderes são forçados a tomar decisões que beneficiam os banqueiros, não os cidadãos.

Por meio de think tanks financiados por seus conglomerados, a ORDEM também molda o pensamento econômico dominante. Teorias que beneficiam o livre fluxo especulativo de capitais são amplificadas, enquanto ideias que ameaçam seu poder, como maior regulação do sistema financeiro, são marginalizadas.

Uma das principais armas financeiras da ORDEM são as agências de classificação de risco. Elas exercem enorme influência sobre os rumos da economia de um país por meio da manipulação das notas de crédito soberano de acordo com interesses geopolíticos da ORDEM.

A ORDEM também domina as instituições econômicas transnacionais, como o FMI, o Banco Mundial e a OMC. Através delas, impõe a abertura de novos mercados em países vulneráveis e consolida o credo neoliberal, perpetuando a transferência de riqueza para os países centrais do sistema financeiro global.

A ORDEM atua nos bastidores do sistema financeiro global para proteger seus interesses e evitar qualquer regulamentação significativa mesmo após crises devastadoras provocadas justamente pela desregulação que beneficiou os banqueiros ligados à ORDEM nas décadas anteriores.

Por meio de paraísos fiscais, a ORDEM oculta trilhões que deixam de ser tributados. Privilégios como sigilo bancário permitem que esses recursos sejam lavados e investidos livremente para expandir seu poderio econômico à margem da lei, distorcendo profundamente economias mundo afora.

Fundos de investimento controlados pela ORDEM compram títulos públicos de países endividados para depois impor a agenda neoliberal por meio de chantagens. Governos são forçados a pagar juros extorsivos e adotar policies de austeridade que destroem direitos trabalhistas e benefícios sociais.

A ORDEM manipula agências de classificação de risco para rebaixar as notas de países soberanos e desestabilizar economias de nações que resistem ao domínio do capital global. Índices fraudulentos são apresentados como "técnicos" para justificar a sabotagem.

Bancos centrais ao redor do mundo são colocados sob influência da ORDEM, que indica diretores aliados comprometidos em manter políticas monetárias que beneficiam os mercados financeiros globais em detrimento do desenvolvimento econômico nacional e dos direitos da população.

Portanto, o poder financeiro é a base que sustenta todo o domínio da ORDEM. Sem reformar os bancos centrais para que atendam aos interesses dos cidadãos e sem acabar com os paraísos fiscais, o jugo da ORDEM sobre a sociedade jamais será rompido. O controle do dinheiro está no centro de seu sistema de manipulação.

Contudo, há esperança de que o papel parasitário dos bancos e do mercado financeiro sobre a economia real esteja chegando a um ponto de ruptura. Iniciativas como a taxação de transações financeiras e a regulamentação da dívida pública apontam para uma possível quebra do monopólio da ORDEM sobre o sistema monetário global.

Além disso, a ascensão de governos progressistas em diversos países, determinados a recuperar autonomia econômica e soberania monetária, representa uma ameaça real ao poder financeiro da ORDEM. A aliança entre esses governos para reformar a arquitetura econômica global é um caminho promissor.

Também há sinais de conscientização da população sobre o funcionamento parasitário do sistema financeiro especulativo. Isso abre caminho para pressão popular sobre os Estados para regularem efetivamente os bancos e os mercados em benefício da sociedade, não de uma elite financeira global.

Capítulo 27
A Crise Existencial

À medida que o tempo passa e sua influência aumenta, a ORDEM se vê diante de um dilema existencial. Embora o sistema que criou para manter as massas sob controle tenha sido um grande sucesso, ela começou a apresentar fissuras que ameaçam seu futuro.

Uma das principais preocupações é o crescimento populacional e a capacidade do planeta de sustentar tantas pessoas. Bocas a mais para alimentar significam pressão sobre os recursos naturais, mesmo aqueles controlados pelos Organizadores.

Além disso, com tanta gente o controle e a vigilância das massas se dificulta. As engrenagens da propaganda e da manipulação de informação, apesar de bem lubrificadas com as novas tecnologias, não são infalíveis. A ORDEM teme um levante da população quando ela ficar numericamente incontrolável.

Há ainda o risco do surgimento de novas doenças incontroláveis ou de eventos climáticos catastróficos capazes de dizimar a população. Nenhuma quantidade de controle prepararia a ORDEM para enfrentar catástrofes ambientais em escala planetária.

As recentes pandemias e mutações virais, embora tenham sido utilizadas pela ORDEM para acelerar sua agenda de controle e obtenção de recursos com o comércio de vacinas, também mostraram o quão vulnerável o sistema é a desastres naturais amplificados pela ação humana.

Além das ameaças externas, a ORDEM também passou a enfrentar riscos internos, decorrentes do próprio sucesso de seu sistema de controle social. Ao eliminar resistências e pluralidade de visões, ela enfraqueceu a resiliência e a capacidade de adaptação da sociedade como um todo.

Na busca por homogeneização e padronização, foram suprimidas características essencialmente humanas como criatividade, espírito crítico e iniciativa individual. Com toda estrutura moldada para obediência e conformismo, faltam forças capazes de regenerar o sistema quando este dá sinais de esgotamento.

Outro risco é o descolamento entre a elite da ORDEM e o restante da população. Enclausurados em sua bolha de poder e privilégios, os Organizadores perdem contato com a realidade vivida pela maioria das pessoas. Isso gera erros de avaliação que podem custar caro no futuro.

Por fim, há o dilema moral enfrentado pelos próprios membros da ORDEM. Embora sejam adeptos ferrenhos do pragmatismo, alguns começam a questionar os rumos que a organização tomou. Ao abdicar completamente de valores éticos e humanistas em nome de um projeto frio de poder, a ORDEM plantou as sementes de sua própria desumanização.

Diante desse cenário, a ORDEM se vê em uma encruzilhada histórica. Limitar artificialmente o crescimento populacional poderia significar menos mão de obra e consumidores, arriscando a dinâmica do sistema econômico. Por outro lado, deixá-lo crescer representa um risco de colapso social e ambiental no futuro. O dilema parece insolúvel e a crise existencial, inevitável.

A saída vislumbrada por alguns Organizadores é uma maior integração com a inteligência artificial, permitindo que a ORDEM continue controlando a humanidade de forma ainda mais eficiente mesmo com menos recursos humanos. Outros temem prescindir do controle para as máquinas. E se um dia as máquinas se rebelarem?

Outro ponto de tensão é o avanço tecnológico. Os mesmos inventos que aumentaram o poder da ORDEM, como internet e robótica, também facilitaram o acesso à informação e a automação em escalas preocupantes do ponto de vista do controle social.

De todo modo, o modelo atual mostra sinais claros de esgotamento em múltiplas frentes. Sem uma adaptação profunda, que exigiria renunciar a parte do poder absoluto, o sistema tenderá ao colapso sob o próprio peso. Mas essa limitação voluntária de poder parece altamente improvável pela própria natureza da ORDEM.

Porém, apesar de seu impressionante poder, a ORDEM não é imune a falhas estratégicas e erros de avaliação. Sua obsessão em acumular riqueza e controlar nações inteiras cegou seus líderes para as consequências sociais e ambientais catastróficas que esse sistema parasitário e desumanizante gera. E essa negligência pode levar ao colapso do próprio sistema que espremeram tão habilmente em seu benefício.

Nenhum império ou sistema de opressão, não importa quão refinado seja seu controle, consegue se sustentar indefinidamente contra as forças da história. E quando uma ordem social entra em desarmonia com as necessidades e anseios mais profundos da alma humana, sua dissolução torna-se inevitável mais cedo ou mais tarde.

O dilema existencial da ORDEM é que seu próprio sucesso contém as sementes de sua destruição. Ao moldar a sociedade em torno de valores individualistas, a ORDEM enfraqueceu os laços comunitários que permitem que uma civilização se adapte e prospere em momentos de adversidade.

Na busca pelo controle total, a ORDEM acabou criando sistemas frágeis e cidadãos dependentes, facilmente abaláveis por crises, já que a capacidade de cooperação e o senso de propósito foram minados intencionalmente nos indivíduos pelas próprias engrenagens criadas pela ORDEM.

A decadência moral interna dos membros da ORDEM também carrega o risco de desintegração. À medida que novas gerações assumem o controle, herdando poder e riqueza sem os construir, cresce o risco de traições e disputas internas que podem levar à dissolução dos antigos pactos secretos de lealdade mútua.

Conforme a ORDEM se torna vítima de seu próprio sucesso, surgem também dissidentes sensíveis que, tendo usufruído de todos os privilégios do sistema, decidem trair suas origens e usar seu conhecimento privilegiado para expor publicamente a conspiração secreta. Essa é uma ameaça interna real ao código de silêncio.

Obcecada em evitar qualquer limitação a seu poder e riqueza, a ORDEM perdeu a capacidade de renunciar voluntariamente a uma fatia de controle em benefício da estabilidade e sustentabilidade do próprio sistema. Essa arrogância acabará por destruí-la.

Capítulo 28
A Resistência Silenciosa

Diante do aparente descontrole parcial da ORDEM, de forma silenciosa e invisível, aparecem aqueles que se opõem ao sistema vigente e buscam miná-lo de dentro.

Eles são poucos e espalhados pelo mundo. Agem de forma anônima e compartimentada, em células independentes, para não serem infiltrados. Possuem habilidades de hacking, conhecem bem as engrenagens internas do sistema e usam essas informações para combater estrategicamente a ORDEM.

Dentre suas principais táticas estão vazamentos de documentos secretos que comprometam a ORDEM, disseminação de informações não filtradas na internet para inculcar a dúvida crítica nas pessoas e pequenos atos de sabotagem em empresas e instituições que servem ao sistema opressor.

Eles sabem que uma oposição aberta e ostensiva seria facilmente esmagada pela ORDEM. Portanto, permanecem nas sombras, minando lentamente os alicerces da fortaleza do inimigo. Estão infiltrados em corporações, governos e nos próprios meios de comunicação controlados pela ORDEM. Agem de dentro, com paciência estratégica e inteligência.

Embora ideologicamente diversos, esses dissidentes e rebeldes estão unidos por um desejo comum de derrotar a ORDEM e seu sistema de opressão. Libertários, anarquistas, socialistas, ambientalistas - todos convergem para essa missão, cada qual a seu modo e com suas respectivas visões de uma sociedade alternativa.

Alguns atuam individualmente, como hackers solitários. Outros formam pequenos coletivos online. Há também grupos secretos mais organizados, compostos por ex-membros arrependidos das forças de segurança, informantes e espiões que conhecem profundamente a natureza do inimigo.

Eles reconhecem que a batalha é desigual, mas acreditam na força das ideias, na capacidade de auto-organização das pessoas e no desejo humano universal de liberdade. Estão dispostos a dedicar suas vidas a essa causa, ainda que seus esforços só deem frutos para futuras gerações.

Sabem que essa é uma guerra de atrito, que se ganha pouco a pouco, golpeando e fugindo. Cada pequena ação contra o sistema, por menor que seja, enfraquece um pouco mais os alicerces em que se baseia o poder da ORDEM. É uma batalha que pode levar gerações, mas eles não desanimam.

Entre os dissidentes, há os que defendem ações mais agressivas, como ataques cibernéticos massivos e sabotagens que possam realmente abalar e desestabilizar a ORDEM. Outros, mais moderados, preferem métodos exclusivamente pacíficos, para não dar nenhum pretexto a uma reação violenta do sistema opressor.

O desafio é grande, pois a ORDEM controla não apenas governos e corporações, mas também boa parte das redes de comunicação, dificultando o contato e a coordenação entre os próprios rebeldes. Infiltrações constantes e delações são riscos reais que todos devem encarar nessa luta desigual. A desconfiança mútua, portanto, é inevitável até certo ponto.

Apesar dos enormes obstáculos, essas células de resistência silenciosa têm obtido conquistas importantes, ainda que pouco perceptíveis para o público geral. Vazamentos de documentos ultrassecretos, ações diretas bem-sucedidas e até algumas raras vitórias eleitorais animam os dissidentes a persistir, apesar das chances mínimas.

Eles sabem que, para de fato vencer, será preciso despertar as massas. Por isso, grande parte de seus esforços é dedicada a disseminar informações não filtradas pela ORDEM, a fim de apresentar ao público uma visão mais realista dos bastidores obscuros do sistema. É um trabalho árduo, porém essencial.

À medida que mais pessoas despertam e gradualmente se juntam à resistência, surgem movimentos mais amplos de desobediência civil, boicotes a empresas ligadas à ORDEM e até a criação de comunidades alternativas autogeridas.

Nesses territórios libertados, os cidadãos se organizam sem hierarquias, tomam suas próprias decisões coletivamente e constroem sistemas econômicos e políticos igualitários e cooperativos, sem espaço para opressão. Essa é a semente de um novo mundo sendo gestado dentro da casca do velho.

Claro que a ORDEM tenta sufocar esses focos de dissidência usando sua influência sobre governos locais e forças policiais. Mas a chama da resistência, uma vez verdadeiramente acesa no espírito de um povo, não se apaga facilmente. Pelo contrário, ela renasce das cinzas, cada vez mais forte.

Agentes infiltrados da ORDEM também buscam disseminar desinformação e gerar conflitos internos para dividir e enfraquecer a oposição. Outras vezes, tentam cooptar ou subornar lideranças, sem sucesso. Cada golpe sofrido torna o movimento mais maduro e mais resiliente.

Células independentes de resistência usam drones e outras tecnologias para revelar ao mundo imagens chocantes dos bastidores do sistema opressor, como campos de concentração, vigilância em massa e destruição ambiental, provocando indignação pública.

Programadores dissidentes criam aplicativos encriptados e redes peer-to-peer para permitir comunicações seguras entre ativistas e compartilhamento de informações não censuradas pela ORDEM, permitindo a articulação de ações coordenadas de sabotagem ao sistema.

Defensores da liberdade lançam pequenos satélites privados para garantir acesso à internet livre mesmo após a ORDEM conseguir censurar a rede convencional. Essa "internet alternativa" permite que jornalistas e ativistas continuem expondo verdades independentemente da censura terrestre.

Resistentes infiltrados na própria ORDEM coletam evidências sólidas de suas atividades ilegais e antiéticas. O material é entregue a veículos independentes ou vazado anonimamente na deep web. A enxurrada de provas vindas de dentro da ORDEM abala a fé pública no sistema.

Hackers dissidentes realizam "ataques de luz", invadindo os sistemas da ORDEM apenas para vazar documentos comprometedores, sem destruir nenhuma informação ou dado. Esses vazamentos frequentes provocam apreensão nos Organizadores, que temem onde e quando ocorrerá o próximo.

Portanto, embora a jornada ainda seja longa e tortuosa, já se pode vislumbrar o dia em que o número de pessoas despertas ultrapassará um ponto crítico, impossibilitando deter a onda de transformação. E então, finalmente, chegará o momento tão aguardado em que o poder corrupto e opressor da ORDEM será varrido para o lixo da história, dando espaço a uma nova sociedade, moldada pelo coração e pela vontade popular.

Neste momento crucial da história, o futuro está em suas mãos. Esteja alerta, informe-se e esteja pronto(a) para se juntar à resistência. Juntos, podemos moldar um mundo mais justo, onde o poder verdadeiramente emane do povo. A

ORDEM pode ser poderosa, mas a vontade coletiva é imparável.

www.ingramcontent.com/pod-product-compliance
Lightning Source LLC
LaVergne TN
LVHW040055080526
838202LV00045B/3649